学君 | 著

思维模型与AI辅助应用

人民邮电出版社

北 京

图书在版编目（CIP）数据

写好论文：思维模型与AI辅助应用 / 学君著. --北京：人民邮电出版社，2024.5
ISBN 978-7-115-64059-8

Ⅰ．①写… Ⅱ．①学… Ⅲ．①计算机应用－写作 Ⅳ．①H05-39

中国国家版本馆CIP数据核字(2024)第065065号

内 容 提 要

本书基于学术研究领域，创新性地将论文写作的思维模型与AI辅助工具相结合，为读者提供了一套全新且实用的论文写作方法，旨在助力读者提高论文写作的质量和水平。

本书共9章，每章都聚焦一个特定的论文写作环节，详细介绍用以解决实际问题的思维模型。这些模型包括认知论文结构的"顶天立地加两翼"模型、选择和确定研究单位的三角模型、提炼和描述研究问题的OBTQP模型、细化研究维度的思维罗盘模型、推导文献综述"GAP"的破界创新模型、匹配研究理论的勾连信号模型、适配研究方法的画布模型、创新研究观点的非共识研究观点模型和深入解决问题的U型思维模型。对于每个模型，书中都有详细的背景介绍、拆解步骤、应用方法和案例分析，确保读者能够全方位地理解并实际应用这些模型，从而真正掌握论文写作的思维方式和实践要诀。

本书适合学术研究人员、研究生等需要撰写学术论文的人阅读，也适合对学术研究感兴趣、希望深入了解其思维方式和研究方法的读者阅读。

◆ 著　　　　学　君
　　责任编辑　牟桂玲
　　责任印制　马振武

◆ 人民邮电出版社出版发行　北京市丰台区成寿寺路11号
　　邮编　100164　电子邮件　315@ptpress.com.cn
　　网址　https://www.ptpress.com.cn
　　固安县铭成印刷有限公司印刷

◆ 开本：720×960　1/16
　　印张：14.75　　　　　　　　2024年5月第1版
　　字数：246千字　　　　　　　2025年7月河北第9次印刷

定价：59.80元

读者服务热线：(010)81055410　印装质量热线：(010)81055316
反盗版热线：(010)81055315

序

从开始接触思维模型到写完这本书,历时超过 5 年。

其实,本书介绍的每个模型都经过了数次教学实践和迭代,内容上相对完善。然而,我迟迟未能将其系统地编纂成书,是因为总感觉缺少了某些东西。在教学过程中,我发现许多学员对思维模型的了解有限,加之这些模型本质上极为简化和抽象,使得教学过程往往依赖于相互之间的信息猜测。结果是,理解能力强的学员收获颇丰,而理解能力较弱的学员则感觉茫然。随着 AI 大模型的出现,我终于找到了一种可以标准化教学内容交付的方法,它减少了主观因素的影响。这促使我决定将思维模型整理成书。在此,我将首先简要介绍一些基本概念,以帮助读者更好地理解书中的内容。

1. 什么是思维模型

思维模型是一系列用于辅助理解和解决问题的概念、理论和方法的集合。它来自多个学科,包括经济学、心理学、数学、工程学等,每个模型都提供了一种特定的视角来分析和处理现实世界的问题。例如,概率论帮助我们理解和处理不确定性,系统思维则使我们能够更好地理解复杂系统的相互作用。这些模型不仅是理论上的构想,更是具有实际应用价值的工具,能够帮助我们更有效地处理日常生活和工作中的各种问题。

在这些思维模型的推广和应用中,投资大师查理·芒格扮演了极其重要的角色。芒格不只曾是伯克希尔·哈撒韦公司的副主席,更是一位跨学科学习的热忱倡导者。他认为,要想在复杂的世界中做出正确的决策,就必须掌握和应用来自不同学科的核心原理。芒格特别强调,通过建立一个多元化的思维模型框架,我们可以更全面地理解世界,从而做出更明智的决策。

芒格的思维模型理念并不局限于特定领域,而是一种普遍适用的思维方式。例如,他将经济学的机会成本原理与心理学的认知偏误理论相结合,以此来解释和预测人类行为。芒格的这种跨学科的思维方式对于投资决策尤为重要，他的成功案例也证明了这种方法的有效性。通过公开演讲和出版物，芒格不仅在商业和投资界产生了深远的影响，也激励了公众开始关注并运用这些跨学科的思维模型。

在《好好思考》这本书中，作者成甲进一步深化了芒格关于思维模型的观点，提出了思维模型的四个层次：经验技巧型、方法流程型、学科原理型和哲学视角型。这些层次从具体到抽象，全面覆盖了我们日常生活和深层思考的各个方面，为我们提供了更加丰富和多元的思考工具。

经验技巧型：这类模型基于个人或集体的经验，总结实用技巧和窍门，如时间管理的方法、有效沟通的技巧等。这些模型易于理解和应用，适用于解决日常生活中的具体问题。

方法流程型：此类模型强调将事件或事物流程化或模式化，如项目管理中的敏捷方法、系统工程中的流程等。它们有助于提高复杂任务的执行效率和准确性。

学科原理型：侧重于科学验证的原理，如经济学的供需理论、物理学的牛顿定律等。这些原理帮助我们深入理解世界的运作方式，是分析和解决问题的重要基础。

哲学视角型：最抽象的层次，涉及基于哲学的理性思辨，如伦理学的道德原则、逻辑学的推理规则等。这类模型不仅指导我们的思考方式，还影响我们的价值观和行为准则。

这四个层次的思维模型为我们提供了全面的思考框架，帮助我们在不同领域做出更明智的决策。事实上，这些模型在生活、工作、科学研究等多个领域都有广泛的应用。特别是在学习和知识获取的过程中，这些思维模型扮演着至关重要的角色。它们不仅是用于解决特定问题的工具，更是一种促进深度学习和理解的方法论。

2. 作为一种学习模式的思维模型

归纳和演绎，作为人类思维的两种主要逻辑，不仅是科学研究中的核心角色，也促使教育领域形成了两种截然不同的学习模式。归纳法，从个案中提炼出普遍性结论，是一种从特殊到一般、从具象到抽象的逻辑过程。而演绎法，则是从已知的知识出发，推演出未知的知识，其逻辑流程是从抽象到个案。

在教育场景中，这两种学习模式的应用产生了显著的差异。归纳式学习将具体的知识点作为基础，假设通过积累大量的具体知识，学生可以达到学习目标。这种方法的优点在于，个案简洁，学习速度快；但其缺点也很明显，这种学习模式具有强烈的领域依赖性和不可迁移性，对于不同的个案指导性有限，从积累的个案中提炼普遍规律也非常具有挑战性。

与之相对，演绎式学习以理论、规律或者逻辑为基本学习单位，侧重于通过对这些抽象概念的深度思考和认知来达到学习目标。尽管这种方法的学习速度相对较慢，每个理论或规律的学习都需要投入大量的时间，但它的优势在于可迁移性强。一旦掌握了某个抽象原理，与之相关的所有具体问题都可以得到解决。

思维模型，作为抽象和具体的桥梁，构成了在信息爆炸时代学习的基本单元。在这个时代，由于外部世界的信息量巨大，我们无法一一识别每个信息，因此必须通过抽象化和模型化处理来简化我们的认知。这种简化就是通过思维模型实现的，它帮助我们在复杂的世界中生存和适应。基于思维模型的学习是一种典型的演绎式学习，它能够改变我们原有的思想通道，扩展知识边界，提升认知维度。在这个过程中，我们应该追求更好的思维模型，而不仅是更多的知识。因为在一个落后的思维模型里，即使增加再多的信息量，也只能导致低效率和低水平的重复。

3. 如何学习和构建思维模型

在理解了思维模型的重要性和作为演绎式学习的一部分后，接下来我们将探讨如何学习和构建这些模型，以及如何应用它们解决实际问题。学习和构建思维模型主要有两种途径：学习已有的思维模型和建立自己的思维模型。

首先，让我们来看看如何学习已有的思维模型。一个有效的起点是接触并理解已存在的思维模型。这通常需要一定的运气和机缘，但主动的学习态度是至关重要的。为了更好地理解这些模型，建议阅读相关的文章或书籍，如芒格的《穷查理宝典》。尽管这本书的阅读难度较高，它却能提供深刻的见解和丰富的知识。其次，根据自己面临的实际问题，选择适当的思维模型工具，并深入学习和理解这些模型背后的原理和规律。这不仅涉及理解模型的内涵和特征，还包括掌握其适用范围和效力边界。最后，不断地将思维模型应用于实际问题的解决过程中。实践中的应用是关键，一开始可能效果不太显著，但重要的是进行"刻意练习"。

《刻意练习：如何从新手到大师》[①] 的核心观点是，通过长时记忆和不断的实践，人们能够形成更有效的心理表征。心理表征是我们认知事物的结构，当我们的认知模式从关注个别点上升到理解有规律的结构时，就发生了质的变化。认知神经学的研究表明，多年的刻意练习可以改变大脑中的神经回路，创建出高度专业化的心理表征。

接着，我们来看看如何建立自己的思维模型。无论是学习已有的思维模型还是建立自己的思维模型，都离不开对思维模型的深入学习和理解。有时候，每个人面临的问题都非常个性化，当对某个思维模型有了足够的认识后，可以在自己擅长的领域，从个案中提炼出更有效的思维模型。在某个领域建立思维模型可以分为四个步骤：第一步，专注于特定领域，利用直觉积累信息，增强感知；第二步，运用理性思维关注信息背后的结构特征；第三步，将这些结构特征系统化、抽象化、显性化；第四步，将思维模型应用于实践，接受反馈并不断调整。这四个步骤——感知、结构、抽象、调整——是形成初级思维模型的关键。这种模型作为解决问题的方法，能够不断提升我们的思维层次和深度。

4. 论文写作中如何应用思维模型

在探讨了如何通过学习和构建思维模型提升我们的认知和解决问题的能力之后，我们进一步来看这些模型在学术领域的具体应用和发展。学术是距离思维模型最近的领域之一，其中的重要概念、理论，甚至优秀的论文都可以视为优秀的思维模型。这些模型可以分为两类：认知论类思维模型和方法论类思维模型。在学科教材中，更多交付的是认知论类的思维模型，它们对深度理解事物有巨大的帮助，但在解决具体问题时可能效果有限。相比之下，像麦肯锡这样的组织，基于解决具体用户需求的经验，总结并提供了一系列方法论类的思维模型。

---

① 安德斯·艾利克森，罗伯特·普尔．刻意练习：如何从新手到大师[M]．王正林，译．北京：机械工业出版社，2016．

本书主要交付的是偏向方法论类的思维模型，包含应用于学术论文写作的九个思维模型：认知论文结构的"顶天立地加两翼"模型、选择和确定研究单位的三角模型、提炼和描述研究问题的 OBTQP（主题、背景、目标、问题和路径）模型、细化研究维度的思维罗盘模型、推导文献综述"GAP"的破界创新模型、匹配研究理论的勾连信号模型、适配研究方法的画布模型、创新研究观点的非共识研究观点模型、深入解决问题的 U 型思维模型。每个模型都分为模型背景、模型拆解、模型应用、AI 辅助下的模型实操与案例拆解以及本章练习等部分，构建了从认识模型、掌握模型到应用模型的完整认知体系。

本书中的九个思维模型既包括已有模型的迁移，如将破界创新模型应用于文献综述中推导研究"GAP"的过程，将非共识模型迁移到创新研究观点环节中等，也包括基于大量案例研究的原创性思维模型，如认知论文结构的"顶天立地加两翼"模型、细化研究维度的思维罗盘模型等。我试图通过外部扩充和内部搭建实操系统，为读者提供一种全新的学习模式和体验。

从接触思维模型到发展并应用它们，直至本书的完成，我投入了不少于 5 年的时间。在 2020 年，我出版了《写好论文》，这是思维模型在学术论文写作中的初步应用，虽然当时许多想法尚未成熟。在思维模型的指导下，借助《写好论文》的框架，我创办了青泥学术平台，在大数据辅助下帮助人们更方便地实现学术论文写作。在 AI 大模型的背景下，我感受到抽象化的思维模型可以通过 AI 的转译更好地被理解和掌握，于是决心在此基础上进行完善，最终形成了这本书。

我是最早在学术领域推广思维模型的那批人之一，就像前文介绍的演绎式学习路径一样，对于思维模型的学习、应用和创新充满挑战，因此我经常感到孤独。本书的内容独特，可能与现有的学术思维不尽相符，书中也难免有不足和疏漏，但我希望能得到读者的理解、鼓励，并期望更多人加入到学术方法论创新的行列中。

在本书的创作和出版过程中，我心怀感激地回顾了那些为这一成果提供支持和帮助的人们。

首先，我特别感谢学术志团队的同事们，他们在整个项目中展现出了卓越的专业精神和无私的团队合作精神。这些同事不仅在学术和技术方面提供了宝贵的意见，还在研究和书写过程中给予我必要的支持，使得本书的内容质量得到了显著提升。

其次，我要感谢所有学习过学术论文写作思维模型的学员。这些学员的反馈和实践经验是本书丰富的内容和实用性的重要来源。他们的问题、挑战、成功和失败，都为本书提供了宝贵的案例，使得本书更加接地气，更能满足读者的实际需要。

再次，我也对所有阅读本书的读者表示深深的感谢。读者的兴趣和热情是推动我不断前进的动力；读者的阅读体验、建议和批评，是我改进和完善自己工作的重要参考。我希望通过本书，能够与读者共同进步，共同探索学术论文写作和思维模型的更多可能性。

最后，我要特别感谢人民邮电出版社的编辑老师们。他们的专业知识、细致审稿和不懈努力，确保了本书的内容质量和出版质量。从初稿到最终出版，编辑团队的每一步工作都是出版本书的关键。正是他们的督促和精心审核，使得本书能够顺利面市，呈现给广大读者。

本书的成功出版，是我与所有合作者、学员、读者和出版社工作人员共同努力的结果。我对每一位为本书做出贡献的人表示最深的感激，并期待未来能够继续与他们一起在学术领域取得更多成就。

最后，我将本书献给我的女儿郭文翊，希望她在成长的路上能够继续保持好奇心和学习的热情，不断探索、学习和进步。愿本书不仅是对女儿的祝福，也是对所有追求学术卓越的读者的鼓励。

目 录

第一章 认知论文结构的"顶天立地加两翼"模型

第一节　模型背景：用结构思维和模型思维高效解决问题　2

第二节　模型拆解：学术论文写作的顶层视角　5

第三节　模型应用：结构拆解、可视化加工与写作实操　7

第四节　AI 辅助下的模型实操与案例拆解　10

第五节　本章练习　16

第二章 选择和确定研究单位的三角模型

第一节　模型背景：研究对象的结构　18

第二节　模型拆解：选择和确定研究单位的执行流程　22

第三节　模型应用：选择和确定研究单位的准备工作　33

第四节　AI 辅助下的模型实操与案例拆解　37

第五节　本章练习　46

第三章 提炼和描述研究问题的 OBTQP 模型

第一节　模型背景：研究问题是一个"玄学"？　49

第二节	模型拆解：研究问题的五个核心要素	52
第三节	模型应用：研究问题的来源与类型	55
第四节	AI 辅助下的模型实操与案例拆解	62
第五节	借助 AI 工具绘制主体问题结构图	71
第六节	本章练习	75

第四章 细化研究维度的思维罗盘模型

第一节	研究维度：论文结构和研究深度的决定要素	77
第二节	模型拆解：研究维度的六个解释向度	82
第三节	模型应用：研究维度的多重影响因素	96
第四节	AI 辅助下的模型实操与案例拆解	99
第五节	本章练习	110

第五章 推导文献综述"GAP"的破界创新模型

第一节	模型背景：文献综述基本流程与综述对象	112
第二节	模型拆解：基于破界创新模型推导研究文献"GAP"	117
第三节	模型应用：破界创新模型的多重影响因素	121
第四节	AI 辅助下的模型实操与案例拆解	126
第五节	本章练习	131

第六章 匹配研究理论的勾连信号模型

- 第一节　模型背景：理论的边界及应用类型　　133
- 第二节　模型拆解：勾连信号模型的六个层次　　136
- 第三节　模型应用：来自研究者自身的影响　　147
- 第四节　AI 辅助下的模型实操与案例拆解　　149
- 第五节　本章练习　　156

第七章 适配研究方法的画布模型

- 第一节　模型背景：研究方法发展的历程　　158
- 第二节　研究方法影响要素　　160
- 第三节　模型拆解与应用　　166
- 第四节　AI 辅助下的模型实操与案例拆解　　170
- 第五节　本章练习　　184

第八章 创新研究观点的非共识研究观点模型

- 第一节　模型背景：从众、共识与创新　　186
- 第二节　模型拆解：寻找不一致同意的正确观点　　187
- 第三节　模型应用：非共识研究观点模型的执行流程　　190
- 第四节　AI 辅助下的模型实操与案例拆解　　194
- 第五节　本章练习　　199

第九章 深入解决问题的 U 型思维模型

第一节　模型背景："见路不走"与第一性原理的哲学思考　201

第二节　模型拆解：挖掘本质问题　202

第三节　模型应用：U 型思维模型的四个关键步骤　204

第四节　AI 辅助下的模型实操与案例拆解　208

第五节　本章练习　221

后　记

第一章
认知论文结构的"顶天立地加两翼"模型

本章深入探讨了结构思维和模型思维在解决问题中的应用。结构思维强调从整体出发,揭示事物的内在组织方式;而模型思维则通过将隐性知识转化为显性知识,简化问题的处理过程。本章介绍的"顶天立地加两翼"论文结构模型,是一个顶层视角的学术论文设计模型,它能帮助研究者理解和构建论文结构。同时,本章还讨论了如何利用 AI 工具辅助论文结构的拆解和可视化,以及如何将这些思维工具应用于学术研究的各个阶段。通过实践练习和案例分析,读者将学会如何有效地运用这些思维模型,提升学术研究的质量和效率。

第一节 模型背景：用结构思维和模型思维高效解决问题

思维是指人们用头脑进行逻辑推导的属性、能力和过程。按照不同的维度，思维可划分为不同的类型。例如，按照思维特征，可划分为逻辑思维、形象思维、顿悟思维等；按照思维方式，可划分为理论思维、经验思维等；按照思维方向，可划分为垂直思维、水平思维、逆向思维等。还有一种划分方法，就是按照思维结构，划分为点状思维、线性思维、结构思维和系统思维等。

结构思维是我们主要关注的思维类型。结构是指事物系统的诸要素所固有的相对稳定的组织方式或联结方式。结构是事物普遍存在的状态，大如宇宙，中如高楼大厦，小如分子等都是结构化存在的；人以及其他动物的组织也都是结构化存在的。结构有如下三个主要特征。

（1）稳定性。结构要素之间具有较为确定的、稳固的联系，从而使系统具有相对不变性。

（2）有序性。系统内部的诸要素有规则地排列，进而相互影响。

（3）形式特征。结构是一种形式关系，可用数学方程来表达。

这三个特征也决定着结构可以作为研究事物的一种方法和视角。

结构思维就是依托结构特征而形成的一种思维。它和点状思维、线性思维及系统思维存在明显的区别，如图 1-1 ~ 图 1-4 所示。

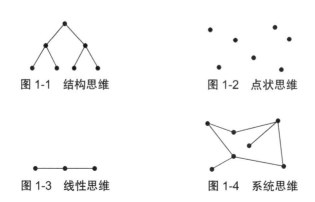

图 1-1 结构思维　　图 1-2 点状思维

图 1-3 线性思维　　图 1-4 系统思维

点状思维、线性思维、结构思维和系统思维的特点及示例如表 1-1 所示。

▶ 表 1-1　四种思维类型的特点及示例

思维类型	特　　点	示　　例
点状思维	存储孤立、零散的信息片段，这些片段之间没有联系。思考时，在几个思维节点上无规律跳跃	小 A 写不好论文，看到一篇文章说是语言的问题，他就去解决语言的问题；又看到另一篇文章说是方法的问题，他就又去解决方法的问题
线性思维	思考时，几个思维节点彼此关联，相互连接，基于演绎逻辑或归纳逻辑思考	小 A 找到一套特别认同的指导理论，然后基于这个理论来规划自己的学习；或者分析目标期刊文章的特征，自己总结特点，然后基于这些来规划学习和写作
结构思维	将思维节点分门别类地整理，发现事物的内在结构属性，按照从整体到局部、从复杂到简单、从无序到有序等方式，形成对事物的深度认知和理解	小 A 把论文从大往小不断拆分，然后像摆积木一样进行论文的构思和写作
系统思维	将目标物视为一个整体的、动态的"有机物"，了解目标物内部的结构特征，而且还要了解目标物内外部关键要素之间的联系及相互影响和逻辑	小 A 认识到论文发表只是系统中的一个要素，那么可能会有更具创新性的解决方案

点状思维、线性思维、结构思维和系统思维之间是一种拾级而上的关系，如图 1-5 所示。学术群体都经历过高等教育阶段的学习，具有基本的逻辑推理能力，所以大部分人的思维形式处于线性思维阶段。为了更高效地学习和取得更优异的成果，我们的思维形式应该提升到结构思维，以便能够在更高维的层面进行学术创作。当然，结构思维只是一个过渡阶段，通过结构思维的培养和训练，最终能够发展到系统思维。

图 1-5　四种思维的关系

那么摆在我们面前的一个关键问题是，如何发现或总结事物的结构呢？哲学家迈克尔·波兰尼（Michael Polanyi）在其代表作《个人知识：朝向后批判哲学》中将知识划分为隐性知识和显性知识两种，"人有两种类型的知识。通常被称作知识的是以书面文字、图表和数学公式加以表达的知识，只是其中的一种类型。没有被表达的知识是另一种知识，比如我们在做某件事情的行动中所掌握的知识。"[1] 这个观点在学术活动中也得到了明显的体现。当我们看到一些优秀的研究者在高水平期刊上发表多篇研究成果时，这些成果代表了显性知识，而隐藏在这些成果背后的研究者所运用的学习方法以及研究者的知识储备和写作心得等则属于隐性知识。显性知识容易获取和传授，而隐性知识则不易获取，也不容易传授，但一旦习得，个人的成长就会迅速提升。

中国传统的师傅带徒弟模式，就是一种通过耳濡目染的方式，将隐性知识传授给徒弟的教育模式。但是这种模式有两个明显的缺点：一是出色的师傅能够培养的徒弟数量有限，培养的过程耗时较长，效率较低；二是培养成果在很大程度上依赖于徒弟个人的天赋，往往是天赋较高的徒弟迅速崭露头角，而大部分天赋一般的徒弟则被边缘化。

目前，在中国学术界，导师对学生的培养主要仍采用师傅带徒弟的模式。是否存在更好的知识传授模式或学习模式呢？

波兰尼不仅提出了隐性知识和显性知识这两种不同类型的知识，还提供了它们之间相互转化的路径，如图1-6所示。知识的相互转化是一个庞大的话题，笔者并不打算在此进行深入讨论。然而，在这两类知识转化的过程中，关键的环节之一是将隐性知识转化为显性知识。或者用一个更容易理解的说法：师傅如何更高效地教授徒弟，徒弟如何更高效地学习技能。

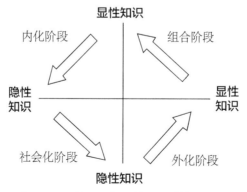

图1-6 隐性知识与显性知识的转化路径

---

[1] Michael Polanyi. Personal Knowledge: Towards a Post-Critical Philosophy[M]. London：Routledge，1958.

知识的传递是如何进行的呢？上大学时，我们开始系统地学习专业知识，学校会提供教科书，并有教师将书中的内容结合他们的理解讲授给我们。这个过程是我们非常熟悉的，尽管我们可能会忘记具体学习了什么内容，但从教科书中学到的概念和原理等内容却不容易遗忘，并且往往成为我们未来工作中不可或缺的知识基础。这些概念和原理构成了知识的传递形式。投资大师查理·芒格将教科书中提供的这些基础概念和原理称为思维模型。思维模型是对隐性知识进行简化、抽象和形象化表达的方式，不仅易于传递，而且具有高效的解释过去和预测未来的能力。学习思维模型不是简单地增加信息量和知识量，而是改变思维模式，拓展知识边界，提升认知层次。因此，高效的知识学习应该追求更好的思维模型，而不是追求更多的知识。在思维模型落后的情况下，即使增加了大量信息，也只是低水平的重复。思维模型在各个学科领域都得到了广泛应用，例如物理学中的牛顿三大定律，社会学中的结构功能主义理论等。可见，思维模型是一种常见且有效的知识传播方式，也是将隐性知识转化为显性知识的有效方法。将思维模型应用于问题解决的思维方式称为模型思维。

第二节　模型拆解：学术论文写作的顶层视角

"顶天立地加两翼"论文结构模型（见图1-7）是学术论文设计的顶层结构，它类似于战场指挥官手中的作战地图或建筑师手中的建筑模型图纸，能够提供一个顶层的"元视角"，为设计出杰作提供指导。

我们可以从以下几个方面理解这个模型。

第一，学术论文由五个关键要素组成，分别是研究问题、研究对象、研究结论、研究视角和研究方法。其中，研究问题是学术研究的核心，其他要素是围绕研究问题进行选择和适配的。

第二，模型可以分为"顶天立地"部分和"两翼"部分。其中"顶天立地"部分包括研究对象、研究问题和研究结论，这三个要素适用于所有类型和水平的学术论文。它们是不可或缺的，但在不同的学术论文中存在差异。研究视角和研究方法构成了模型的"两翼"部分，这两个要素是可选择的。有些学术论文可能会使用这两个要素，但有些学术论文则不需要使用它们。

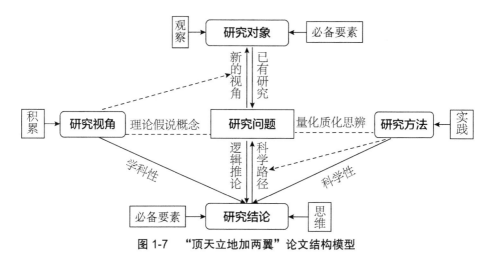

图 1-7　"顶天立地加两翼"论文结构模型

研究视角和研究方法均可分为显性和隐性两种。尽管每篇学术论文都基于一定的研究视角和研究方法，但有些学术论文将这些要素明确提取并呈现在文本中，而有些学术论文可能没有明确阐述，甚至研究者自己也没有意识到。我们所讨论的"可选择要素"主要指的是显性类型的研究视角和研究方法，而对于隐含的研究视角和研究方法暂不进行讨论。

第三，每个要素之间的互动模型存在差异。在学术论文中，创新性是基本要求。为了实现创新，研究者需要审视研究对象，这种审视通常以对相关文献的研究为基础。其中，文献综述部分在论文中扮演着重要角色，它为研究的创新性提供支撑，同时为研究提供了新的视角。在研究过程中，发现新的研究视角是十分困难的，因此，一些研究者常常借鉴已有的具有解释力的理论、概念和框架，以它们作为新的视角。通过审视研究对象和确定研究视角，研究者能够明确研究问题。为了解决这个问题，研究者需要运用逻辑推论，通过提供证据和进行逻辑推导得出一定的研究结论。逻辑推论一直是学术界关注的焦点。早期的学术研究主要是基于思辨，但在实证主义哲学的影响下，科学成为社会科学研究的重要范式，科学的研究路径被越来越多的研究者接受。随着时间的推移，出现了越来越多的基于科学范式的具体研究路径，如实验法、田野调查等。同时，也涌现出了量化研究、质性研究、混合研究等不同的方法范式的区分。后来的研究者可以直接采用这些方法，以提高研究的科学性。

第四，研究者应该如何获得并提升利用这五种要素资源的能力呢？研究对象主要依靠观察来获得，包括对文献的阅读、对日常社会生活的观察和思考以及对研究材料的深思熟虑。这些可以归纳为研究者的观察能力。研究问题是核心要素，也是最困难的要素之一，研究者需要基于对研究对象的理解，通过总结研究对象中存在的矛盾和引发的困惑来形成研究问题。研究结论主要依靠思维来获得。从研究问题到研究结论的过程需要以顺畅和科学的逻辑推论为基础。而研究视角的获取主要依赖于积累。理论在研究视角中占据着至关重要的地位，而理论种类繁多，因此需要进行文献阅读和资料分析，以拓展学术视野，然后根据研究问题选择最合适的研究理论。研究方法的掌握和应用主要依靠实践。根据研究问题的特性，选择适配的研究方法，并通过不断的实践来提升对研究方法的认知和熟练度，特别是现在许多方法都依赖于相关软件的使用，这就需要一定程度的熟练操作。

第三节 模型应用：结构拆解、可视化加工与写作实操

"顶天立地加两翼"论文结构模型如何应用于具体研究？作为一种顶层结构，该模型主要指导研究者在宏观层面理解和构建论文结构。当然，"顶天立地加两翼"论文结构模型是最外层要素结构，每个要素都可以拆解成更小的模型，这些模型将在后文介绍。本节主要列举一些"顶天立地加两翼"论文结构模型的应用。

一、拆解学术论文关键构建要素

研究者在阅读文献的时候经常会有这样的困惑：读了很多文献，但是好像什么都没有记住，在写论文的时候也不知道如何将阅读过的文献复用到自己的论文中。

当然，这样的困惑是由很多原因造成的，但是其中一个不可忽略的原因是研究者一上来就一头扎进了细节里，反而忽略了论文的结构信息。笔者建议和鼓励研究者按照从宏观到微观的顺序阅读文献，首先了解该论文的结构和核心要素，构建出该论文的结构地图，然后按图索骥，将细节归类到具体的结构位置。依托"顶天立地加两翼"论文结构模型，根据学术论文的关键要素，可以建立一个论文结构拆解表，如表1-2所示。这个结构拆解表还比较粗糙，但这是形成细致分析的基础，通过后面的模型学习，笔者会对这个结构表做更细化的操作。这里提供结构拆解表的一个重要意义是，学习从顶层结构出发审视和解决问题。

▶ 表1-2　论文结构拆解表

论文标题	研究对象	研究问题	研究结论	研究视角	研究方法
论文1					
论文2					
论文3					
论文4					
……					

二、对论文结构进行可视化整理

这一点内容可以说是对上一点内容的延展和加强，在熟悉论文结构要素的基础上，可以对结构要素的关系以及整篇论文的结构做可视化整理，以便在论文结构层面建立一个清晰的认知，而不是一上来就陷入论文细节中。"顶天立地加两翼"论文结构模型提供了一个基本的可视化结构，继而可以加工成思维导图、鱼骨图等可视化形式，然后根据论文内容在此基础上做加工和整理。

在梳理可视化结构图时要注意：刚开始不要要求全面，有些类型的论文没有显性的研究视角或研究方法，如果在分析过程中没有识别出来，可以空着。但是研究对象、研究问题、研究结论这三个要素是必填项，建议从原文中提取。如果不能直接提取，需要研究者进行一定的总结和提炼。

刚开始操作的时候，研究者尽量把可视化结构图画出来，以增加对模型的熟悉度和对论文结构的认知。经过一定的练习之后，这个模型会成为研究者意识的一部分，研究者完全可以不依赖外在的模型图，一眼看穿论文结构。

图 1-8、图 1-9 是依据"顶天立地加两翼"论文结构模型对《性别僭越与年龄迟滞——〈王者荣耀〉中的身体拟像研究》[①]（以下简称《王者荣耀》）这篇论文的结构进行的可视化整理。

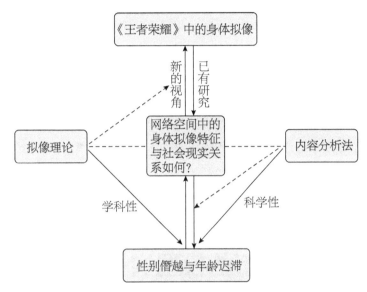

图 1-8 对《王者荣耀》的结构化分析

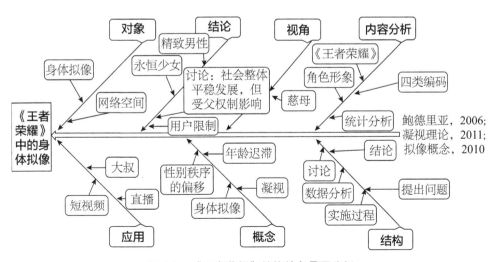

图 1-9 《王者荣耀》结构的鱼骨图分析

---

① 吴斯.性别僭越与年龄迟滞——《王者荣耀》中的身体拟像研究 [J]. 中国青年研究, 2019(1):57-63.

三、用结构模型指导论文选题、研究设计和论文写作

学术论文是一种结构性非常强的体裁，这种结构性体现在论文文本中，不过，研究者应在论文选题、研究设计阶段就开始进行结构化的思考和构建。"顶天立地加两翼"论文结构模型为研究者的结构设计提供了基本的理论指导。

在《写好论文》[①] 中，笔者就提出按照研究设计的思路构思论文选题，也提供了一个从研究对象、研究问题、研究视角、研究方法到研究结论的执行路径。在笔者的理解中，论文选题的范畴要大于研究设计，研究设计比论文选题要更加细致和深入，但不管是论文选题还是研究设计，其构思的框架都源于"顶天立地加两翼"论文结构模型。如果论文选题和研究设计是顶层设计阶段，那么论文写作就是执行阶段，是对顶层设计的执行和具体操作。当然，每个结构要素都有其依托的模型，但在总体上都属于"顶天立地加两翼"论文结构模型的延展。关于结构模型的指导方案会在后续章节中逐步展开。

第四节 AI 辅助下的模型实操与案例拆解

对论文结构的拆解是研究者进行学术阅读的第一步。在以前，我们只能通过手工整理的方式对论文的结构进行拆解。但现在，借助 AI 工具，我们可以非常方便地对一篇或者多篇论文的结构进行高效率拆解，这有助于我们更快、更深入地了解论文的结构特征，从而实现初步的文献阅读与筛选。但需要注意的是，尽管 AI 工具的效率非常高，但在理解文献方面，它与研究者之间还有很大的差距。因此，AI 工具只能作为一种辅助工具，在帮助我们完成基础工作后，研究者仍要根据原文进行核对和必要的修订。

下面我们分别演示人工和借助 AI 工具拆解论文结构的过程与结果。

---

① 郭泽德. 写好论文 [M]. 北京:清华大学出版社,2020.

一、人工拆解论文结构的过程与结果

我们选取《"世纪潮一代"的网络社会资本重构：对比在英流寓华人 Facebook 和微信的数字化融入》①这篇论文作为演示案例。

案例论文的摘要信息如下。

本文挑战了传统的 diaspora 概念，将"两级社会资本"作为预设框架，通过网络民族志研究了 40 名"世纪潮一代"在英流寓华人，对比 Facebook 和微信在构建其跨文化社会资本过程中的表征和角色，评估社会资本框架的文化适用性和研究通用价值；剖析了社会网络构建动因与行为主体的关系。研究发现，社交媒体的数字技术在在英流寓华人的跨文化传播之间进行调解的社会资本形成了动态性和竞争性，超越了其他任何网络参与对跨文化传播的"溢出效应"；Facebook 和微信本身作为不同社交符号带给其参与者预设信号和文化标签，在构成文化认同过程中表现出趋同和分离的复杂内涵。总体而言，本研究认为，社交媒体使"世纪潮一代"的在英流寓华人从离散的既定人群中不定期"脱出"，以"想象融入"和"持续认同"活跃在不同文化集体和社群，实现"双面人生"。

根据这篇论文的标题和摘要信息，结合论文正文，手动抽取这篇论文的关键要素，并填入论文结构拆解表中，如表 1-3 所示。

▶ **表 1-3 论文结构拆解表**

论文标题	研究对象	研究问题	研究结论	研究视角	研究方法
"世纪潮一代"的网络社会资本重构：对比在英流寓华人 Facebook 和微信的数字化融入	离散群体的数字化融入	网络传播如何影响离散群体	总体而言，本研究认为，社交媒体使"世纪潮一代"的在英流寓华人从离散的既定人群中不定期"脱出"，以"想象融入"和"持续认同"活跃在不同文化集体和社群，实现"双面人生"	两级社会资本	网络民族志

---

① 赵瑜佩."世纪潮一代"的网络社会资本重构：对比在英流寓华人 Facebook 和微信的数字化融入 [J]. 国际新闻界, 2018, 40(3):40-62.

二、借助 AI 工具智能拆解论文结构的过程与结果

借助 AI 工具，可以非常方便地智能拆解论文的结构。让 AI 工具完成某项任务，需要给 AI 工具一个指令，让 AI 工具按照指令进行操作和输出。这次操作的目标是拆解案例论文的结构，并以表格形式输出，因此，我们给出如下指令，经过 AI 工具分析后得到最终结果。

指令：

请将以下案例论文按照"顶天立地加两翼"论文结构模型拆解，分别归纳研究对象、研究问题、研究结论、研究视角、研究方法这五个关键要素，并将结果输出为表格。表格的第一列为论文标题，第二至六列分别为研究对象、研究问题、研究结论、研究视角、研究方法。要求忠实于原文，不要做发散性解释。案例论文信息如下：

（略）

AI 答：

根据您提供的论文摘要，我将这篇论文按照"顶天立地加两翼"论文结构模型进行拆解，如表1-4所示。

▶ 表 1-4　论文结构拆解表

论文标题	研究对象	研究问题	研究结论	研究视角	研究方法
"世纪潮一代"的网络社会资本重构：对比在英流寓华人 Facebook 和微信的数字化融入	在英流寓的"世纪潮一代"华人	1. Facebook 和微信在构建华人跨文化社会资本过程中的表征和角色。2. 社会资本框架的文化适用性和研究通用价值。3. 社会网络构建动因与行为主体的关系	1. 社交媒体的数字技术在在英流寓华人的跨文化传播之间进行调解的社会资本形成了动态性和竞争性。2. Facebook 和微信作为不同社交符号，给参与者预设信号和文化标签，在构成文化认同过程中表现出趋同和分离的复杂内涵。3. 社交媒体使"世纪潮一代"的在英流寓华人从离散的既定人群中不定期"脱出"，以"想象融入"和"持续认同"活跃在不同文化集体和社群，实现"双面人生"	从网络社会资本构建和跨文化社会资本的角度	网络民族志

对比 AI 工具和人工整理的内容，两者在关键要素的理解上相似度很高。不同的是，AI 工具输出的内容完整性更强，对研究问题、研究结论等要素进行了重新整理，表述更加详细，而人工整理的内容抽象度更高、更简洁。两者搭配，正好可以优势互补。

三、借助 AI 工具对论文结构进行可视化加工

如果觉得表格形式不够直观，还可以借助 AI 工具将论文结构拆解表转化为其他可视化形式，如思维导图、流程图等。下面演示借助 AI 工具将表 1-4 的内容转化为思维导图形式的过程。

指令：

请将以下案例论文按照"顶天立地加两翼"论文结构模型拆解，拆解出研究对象、研究问题、研究结论、研究视角、研究方法这五个关键要素，分析结果为思维导图形式，输出 Markdown 代码块。

AI 答：

根据您提供的摘要，以下是根据"顶天立地加两翼"论文结构模型拆解的思维导图，以 Markdown 格式呈现：

```markdown
# "世纪新一代"的网络社会资本重构：对比在英流寓华人Facebook和微信的数字化融入 - ## 研究对象
    - 在英流寓的"世纪新一代"华人

- ## 研究问题
    - Facebook和微信在构建华人跨文化社会资本过程中的表征和角色
    - 社会资本框架的文化适用性和研究通用价值
    - 社会网络建构动因与行为主体的关系

- ## 研究结论
    - 社交媒体的数字技术在在英流寓华人的跨文化传播之间进行调解的社会资本形成了动态性和竞争性
    - Facebook和微信作为不同社交符号，给参与者预设信号和文化标签，在构成文化认同过程中表现出趋同和分离的复杂内涵
    - 社交媒体使"世纪新一代"的在英流寓华人从离散的既定人群中不定期"脱出"，以"想要融入"和"持续认同"活跃在不同文化集体和社群，实现"双面人生"

- ## 研究视角
    - 从网络社会资本构建和跨文化社会资本的角度

- ## 研究方法
    - 网络民族志研究
```

这种格式可以在 Markdown 编辑器中呈现为一个有层次的列表。但请注意，这并不是一个真正的思维导图。要制作思维导图，你可能需要使用一些专门的工具。将 AI 工具提供的 Markdown 代码保存为 .md 文件，并导入 Xmind 等思维导图工具中，即可呈现为思维导图的形式，如图 1-10 所示。

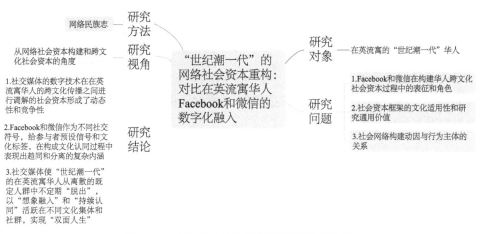

图 1-10　案例论文结构拆解的思维导图形式

四、借助 AI 工具同时拆解多篇论文结构

借助 AI 工具，不仅可以非常方便地拆解单篇论文，还可以非常迅速地拆解多篇论文，操作方式类似于案例论文的操作。下面，我们演示如何对"王者荣耀"主题的四篇论文同时做结构化拆解分析。

指令：

请将以下四篇案例论文按照"顶天立地加两翼"论文结构模型拆解，分别归纳研究对象、研究问题、研究结论、研究视角、研究方法这五个关键要素，并将结果输出为表格。表格的第一列为论文标题，第二至六列分别为研究对象、研究问题、研究结论、研究视角、研究方法。要求忠实于原文，不要做发散性解释。案例论文信息如下：

（略）

AI 答:

拆解结果如表 1-5 所示。

表 1-5　多篇案例论文结构拆解结果

论文标题	研究对象	研究问题	研究结论	研究视角	研究方法
角色认知与关系建构：青年游戏实践的社会交往研究——基于《王者荣耀》游戏玩家的学术考察	《王者荣耀》游戏的青年玩家	游戏实践中的社会交往表征及其影响	游戏实践中的社会交往涵盖了自我交往、人际交往和群体交往等三重维度，这种社会交往不仅构筑了游戏的流行化趋势，也加速了青年重构社会实践的进程	社会交往的视角	深度访谈法
《王者荣耀》英雄角色的背景故事搭建——"英雄之旅"理论视角的分析	《王者荣耀》游戏中的英雄角色	英雄角色的背景故事搭建模式	英雄之旅经历召唤、冒险、回归三个阶段，故事搭建呈现出历史人物的虚拟构建、英雄羁绊的趣味性和传统文化的适应性嵌入、故事结局的开放性诠释等特点	"英雄之旅"理论的视角	文本分析法
戏假情真：《王者荣耀》如何影响玩家对历史人物的态度与认知	《王者荣耀》游戏的玩家	游戏是否影响了玩家对历史人物的态度和认知	游戏确实影响了玩家对真实历史人物的态度和认知，尤其是熟练使用特定英雄的玩家更喜爱相应历史人物	对玩家认知影响的视角	非随机抽样方式和问卷调查法
性别僭越与年龄迟滞——《王者荣耀》中的身体拟像研究	《王者荣耀》游戏中的身体拟像	身体拟像的特征及与社会现实的关系	网络空间中的身体拟像以男性的中性化和身体拟像整体的年轻化为特征，这与社会整体发展趋势是一致的，对现实中的性别角色认知有所影响	身体拟像的研究视角	内容分析法

通过对某一主题的多篇论文的结构拆解，可以在关键要素的纵向视角对主题文献进行分析，从而为我们理解文献，特别是文献综述提供帮助。

第五节 本章练习

1. 在你的研究领域中，选取一篇或数篇论文，按照表 1-2 的结构，绘制并填写论文结构拆解表。

2. 借助 AI 工具，选取 10 篇同一主题的目标文献，输出结构拆解表，并尝试将其转化成思维导图等可视化形式。

第二章
选择和确定研究单位的三角模型

在本章中，我们将探讨如何通过结构化思维和模型化方法来精确选择和确定研究对象。研究对象直接影响研究的方向和质量。我们首先分析研究对象的结构特征，包括限定词、研究单位、研究维度和结构标志，并通过实验性论文标题测试揭示研究者在界定研究对象时可能存在的混淆。接着，我们提出一个三角模型，通过个人情境、需求分析、推荐与评估三个维度来指导研究者选择和确定研究单位。个人情境包括个人经历、个人兴趣和个人观察，而需求分析则涉及一级学科、二级学科、研究方向、研究主题和期刊主题。此外，我们还将介绍如何利用 AI 工具辅助进行资料分析和需求分析，以及如何对研究单位进行评估。通过这些方法，研究者可以更系统地理解研究对象，提高研究的准确性和深度。最后，本章提供了一些实践练习，帮助读者将理论应用于实际操作中。

第一节　模型背景：研究对象的结构

确立研究单位是构建研究对象体系的核心环节。在对模型进行解构与应用之前，先要了解研究对象的结构。然而，在科学研究中，很多研究者对研究对象的理解存在诸多混淆之处。如果研究对象的范围和结构不明确，可能会引发后续很多问题，甚至导致整个研究失败。

为了检验研究者对研究对象结构的认知程度，笔者设计了一个实验性论文标题和相应的研究对象选项，并在一些学术社群中进行测试。该实验性论文标题及选项如下。

社会支持理论视角下新生代农民工城市适应研究——基于问卷调查法
A. 农民工
B. 新生代农民工
C. 农民工的城市适应
D. 新生代农民工的城市适应
E. 社会支持
F. 问卷调查

社群测试结果显示：没有人选择 E 和 F 选项，这表明研究理论、研究方法和研究对象的区别明显，易于区分。而剩下的选项都有人选择，并且分布较平均，这反映出研究者对于研究对象的范围和结构认识不够清晰，这可能会在未来的研究工作中引发一系列的理解和操作上的误差。

"对象"是指人们操作或思考时作为目标的事物，如思考对象、操作对象等。研究对象是科学研究过程中要认识的客体[①]，但是笔者所涉猎的文献中，很少有文献深入剖析了学术研究中研究对象的问题，有些文献虽然尝试界定研究对象，如"科学研究要比日常生活中的表达和指涉更加科学、准确，所以科学研究中的'研究对

---

① 吴元樑.科学方法论基础[M].北京:中国社会科学出版社,2008:7.

象'应是表征客观存在事物本质与规律的具有准确内涵的客体"[1]，但只是对研究对象的特征进行了说明，还是无法准确界定研究对象的范围和结构。

这里我们不做学理上的论证，只是尝试在操作实践层面寻求共识，以提高论文选题和写作过程的准确性。回到上文设计的案例中，具体剖析 A 至 D 四个选项。

A 选项是"农民工"，这个选项和大家对研究对象范围的直接反应貌似一致，因此选择 A 选项的人不少。

B 选项是"新生代农民工"，A 和 B 选项在核心概念上一致，但是 B 选项的范围更具体了一些，这就引发了一个问题："新生代"在论文标题结构中是什么要素？

C 选项是"农民工的城市适应"，相比 A 选项增加了"城市适应"这样一个要素，那么"城市适应"要素和"农民工"之间是什么关系？社群里的回答集中在两类，一类认为"城市适应"要素是这个研究的研究问题，另一类认为"城市适应"要素是研究对象的一个研究视角。

第二类认识是完全正确的，"城市适应"要素确实是研究对象的一个研究视角，所以从范围上来讲，"城市适应"是研究对象中的一个有机构成要素。

对于第一类认识，如果把"城市适应"要素直接称为研究问题，会产生几个困惑：第一，在形式上，"城市适应"不是一个问句，和人们对问题的惯常理解不一致；第二，如何同正文中呈现出的研究问题相区分？论文标题和研究问题的范围如何区分？我们认为"城市适应"要素是研究问题的一个核心标志，但不是研究问题本身，所以不能完全等同于研究问题。

D 选项是"新生代农民工的城市适应"，刚开始选择 D 选项的人非常少，但通过不断地提问和引导，选择 D 选项的人越来越多。

我们倾向于将案例中"新生代农民工的城市适应"界定为研究对象。这样界定基于以下几个原因：一是如"顶天立地加两翼"论文结构模型所示，研究对象是和研究问题、研究视角、研究方法、研究结论同层级的概念，上述案例中只有 D 选项满足；二是把其中任何一个或几个要素拿出来作为研究对象都会造成与其他结构要素认知的冲突，会造成更多的误解和混淆；三是将 D 选项界定为研究对象，还

---

[1] 刘显,张爱红.体育人文社会学博士学位论文的科学方法解构——研究对象分析[J].北京体育大学学报,2017,40(10):17-23.

能够进一步细化研究对象的内部结构，实现研究对象的精细化思考和操作，便于指导后续论文写作。

通过以上分析可知，研究对象有其内部结构。在一个标准的论文标题结构中，研究对象由限定词、研究单位、研究维度、结构标志四部分构成。在上述案例中，"新生代"是限定词，"农民工"是研究单位，"城市适应"是研究维度，"的"是结构标志，如图 2-1 所示。

图 2-1　研究对象的结构

下面我们对研究对象的结构要素进行简要分析。限定词是指对研究单位在时间、程度、范围等方面的限制，一般位于研究单位之前，是聚焦研究对象的一种方法。常见的限定词类型有时间限制、地点限制、范围限制、情境限制等。[①] 研究单位是指该项研究中研究问题的来源和核心的论述对象。研究单位是研究对象中的核心要素，也是该项科学研究中的核心要素，是必不可少的一个要素。在研究中其实有很多"单位"类型，如分析单位、抽样单位、编码单位[②] 等，研究单位是这些"单位"类型的顶层概念，适用于所有类型的研究，统称为研究单位。研究维度一般置于研究单位之后，是对研究单位的具体研究视角和研究问题的表述，确定了研究对象具体的探索方向。当然，研究维度的位置不是固定的，在两个要素间的关系类研究中，研究维度也会置于研究单位之前。研究对象结构中常用"的"作为结构标志，一般位于研究单位和研究维度之间或限定词与研究单位之间，结构标志的位置对于整体研究结构具有关键性影响。

虽然，研究对象具有清晰的结构特征，但在实际操作中，研究者并不会完全按照标准结构进行设计。在标准结构的基础上，研究者会根据实际情况进行灵活处理。常见的研究对象的类型如表 2-1 所示。

[①] 郭泽德. 写好论文 [M]. 北京：清华大学出版社，2020：17.
[②] 艾尔·巴比. 社会研究方法 [M]. 邱泽奇，译. 北京：清华大学出版社，2020.

▶ 表 2-1　常见的研究对象的类型

研究对象类型	案例
只有研究单位	论偶然防卫[①]
研究单位 + 研究维度	农民工的迁移模式研究[②]
限定词 + 研究单位	论结果导向的信息披露[③]
限定词 + 研究单位 + 研究维度	新生代农民工市民化问题研究[④]

在实际研究中，还有一些特别类型，虽然在形式上差异很大，但也都符合上述研究对象的结构规律。比如在量化研究中，经常研究自变量 X 对因变量 Y 的影响，与研究对象结构相对应，因变量 Y 是研究单位，是该研究中的核心要素；自变量 X 是研究维度，是对研究单位（因变量 Y）的一个解释角度。理论上讲，一个研究单位对应着多个研究维度，同样，一个因变量 Y 可以对应多个自变量（X_1、X_2、X_3……），如"工业机器人与劳动力的空间配置"[⑤] 中，"劳动力的空间配置"是研究单位，"工业机器人"是研究维度，该维度下又有多个细分维度。

在一些比较研究中，如研究事物 A 和事物 B 在 C 方面的差异。在这种研究思路中，C 是研究单位，差异是研究维度，A 和 B 是限定词。例如，在"中美幽默广告的比较研究"[⑥] 中，"幽默广告"是研究单位，"中美"是限定词，"比较研究"要素复杂一些，主要包含三重含义：第一，这是对不同地域对象的差异性比较研究，标示了研究维度；第二，采用了比较研究方法，标示了研究方法；第三，"比较研究"是"比较"和"研究"的组合，标示了该文的体裁——学术论文。

除了上述研究对象类型，实际上还有许多不同的类型。研究者在撰写论文标题时常常会使用修辞技巧，这可能会在分析研究对象的结构时造成一些难度。然而，无论研究领域如何变化，关键在于抓住各要素的本质。通过仔细阅读相关文献，我们可以迅速识别出文献的结构特点。通过持续的实践和熟练掌握，这些技能可以被

---

① 张明楷. 论偶然防卫 [J]. 清华法学, 2012, 6(1):17-37.
② 商春荣, 虞芹琴. 农民工的迁移模式研究 [J]. 华南农业大学学报（社会科学版）, 2015, 14(1):68-78.
③ 应飞虎. 论结果导向的信息披露 [J]. 中国社会科学, 2019(5):121-143, 207.
④ 江小容. 新生代农民工市民化问题研究 [J]. 河南社会科学, 2011, 19(3):100-102.
⑤ 陈媛媛, 张竞, 周亚虹. 工业机器人与劳动力的空间配置 [J]. 经济研究, 2022, 57(1):172-188.
⑥ 李伟娟, 尹丹阳, 林升栋. 中美幽默广告的比较研究 [J]. 新闻与传播研究, 2022, 29(2):111-125, 128.

有效地应用于个人的研究设计之中。

在研究对象中，研究单位和研究维度是两个核心要素。本章首先介绍研究单位的选择模型，下一章将详细讨论研究维度的选择模型。

第二节　模型拆解：选择和确定研究单位的执行流程

研究单位是研究对象的核心，对研究至关重要。选择和确定研究单位的三角模型，就是通过个人情境、需求分析和推荐与评估三个维度来帮助研究者选择和确定研究单位，如图 2-2 所示。

图 2-2　选择和确定研究单位的三角模型

一、个人情境

选择和确定研究单位的三角模型中的第一个要素是个人情境。论文选题既是一个科学的、严谨的思维过程，同时也不可避免地带有非常明显的主观视角。个人情境就是形成研究者主观视角的经历、兴趣、观察等情境要素。个人情境主要由个人经历、个人兴趣、个人观察三种情境构成，如图 2-3 所示。

图 2-3 个人情境的类型

1. 个人经历

研究单位可以从我们亲身经历和深刻体验的事件中萃取出来。这些个人经历具有强烈的个性色彩,渗透着丰富的情感和独到的感悟,因此从中挖掘出的研究主题和研究视角尤为鲜明。从个人经历中提炼研究主题时需注意以下几点:首先,应当能够从具体事件中抽象出可讨论的现象,避免仅停留在表面的事件描述,而应与更广泛的社会议题相连结;其次,需借助特定的概念、理论和方法来构建一个坚实的学术研究框架;最后,要力求将个人的深刻体悟与科学的学术表达相融合,既展现出感性的个人叙事,又不失客观、理性的学术讨论。

例如,北京师范大学程猛博士的博士论文选题是"'读书的料'及其文化生产——当代农家子弟成长叙事研究"[①],将"农家子弟"作为自己关注的研究单位,并概括为"读书的料"的概念,同时作者针对"读书的料"撰写了多篇期刊论文,如《"读书的料"及其文化意蕴》[②]等。作者本身也是自己选择的研究单位中的一员。

针对个人经历导向的研究,自我民族志提供了一个相当匹配的方法论框架。自我民族志是个人故事与民族志结合起来的质性研究方法[③],往往围绕某一个研究主题,通过叙事、反思的方式审视个体经历,采用第一人称写作方式,将自我的故事描述、情感表达,与社会、文化、政治、历史建立关联,使作者能更深入地与读者进行对话,以保证研究的效度[④]。自我民族志作为一种研究路径已经得到学术界的

---

① 程猛."读书的料"及其文化生产——当代农家子弟成长叙事研究[M].北京:中国社会科学出版社,2018.
② 程猛,陈娴."读书的料"及其文化意蕴[J].基础教育,2018,15(4):22-28.
③ 蒋逸民.自我民族志:质性研究方法的新探索[J].浙江社会科学,2011(4):11-18.
④ ELLIS C. Creating Criteria: An Ethnographic Short Story [J]. Qualitative Inquiry, 2000 (6):273-277.

认可，其相关论文甚至在顶级期刊上发表。对这种方法感兴趣的读者应当多加关注，以便更深入地了解其应用与发展。

2. 个人兴趣

研究者并不需要亲身经历所有事物，但基于对某些现象或观点的浓厚探索兴趣，也能够挖掘出研究单位。基于个人兴趣的研究单位不仅融入了研究者的情感，而且维持了对现象的客观观察，显示出研究者较强的内在动机。在以个人兴趣为基础选择研究单位时，应考虑以下几点：首先，个人兴趣可能会很广泛，应努力聚焦，以形成集中的研究方向；其次，个人兴趣应该是多维的，能够在理论、方法和实践等多个层面上展开深入研究；最后，个人兴趣应从特定的点出发，拓展到面，从而在深入思考现象背后的规律的同时，与更广泛的社会议题建立联系。

例如，中国社会科学院大学的沙垚老师早期的研究兴趣是西北地区的皮影，他曾多次到西北地区做当地皮影文化的田野调查，在此基础上形成了早期的系列学术成果，如《从影戏到电视：乡村共同体想象的解构》[1] 等。但是沙垚老师的学术兴趣并未止步于皮影本身的发展和传播，而是一直以皮影为载体关注大变局中中国乡村文化建设与传播的转型，并在对乡村文化传播的持续思考和研究中，发现政治经济学是理解中国乡村文化的独特理论资源[2]，继而结合政治经济学进行乡村文化研究，形成了从理论、方法到实践的立体化、多层次研究。

沙垚老师所进行的皮影文化田野调查以及由此引发的关于乡村文化、政治经济学等的思考是基于研究者的兴趣，通过观察、调研、文献阅读等途径逐步深入的结果。但以沙垚老师为代表的研究者仍是皮影为代表的乡村文化的"局外人"，所以我们更倾向于将其定位为兴趣者而非亲历者。

3. 个人观察

个人观察是指研究者采取第三人称视角来审视某一社会现象。这种观察方式具有较高的客观性，相比于个人经历和个人兴趣，其个体情感和主观体悟的成分相对较少，更倾向于文献研究和理论分析。此类研究在学术领域中的占比较大，覆盖的主题范围也较广泛。例如，廉思教授团队关于"蚁族"（城市中低收入、拥挤聚居的大学毕业生）的早期研究，以及他们对"快递小哥"现象的近期研究，都可以归

---

[1] 沙垚. 从影戏到电视：乡村共同体想象的解构 [J]. 新闻大学, 2012(1):35-39, 93.
[2] 沙垚. 传播政治经济学的乡村转向 [J]. 现代传播（中国传媒大学学报）, 2014, 36(12):53-56.

类为基于个人观察的研究。这些研究通常关注的是较广泛的社会群体或趋势，并力求从一个更加宏观的视角来解读和理解相关现象。

综上所述，从个人情境中寻找研究单位有个人经历、个人兴趣、个人观察三个路径，如图2-4所示。三个路径之间呈现出渐进式的关系：从个人经历到个人观察，反映了一个由内在个体化向外在社会化的变化过程；相反地，从个人观察到个人经历的过程，则是一个由外在现象深入内在体验，逐渐增强对事物本质理解的过程。三个路径之间不是相互割裂的关系，路径之间是可以融合的。

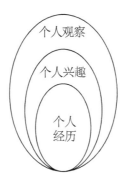

图2-4　从个人情境中寻找研究单位的三个路径

在思考这个问题的时候，笔者正好看到微信朋友圈的一条发文，具体内容如图2-5所示。陈龙博士这项研究成果以"'数字控制'下的劳动秩序——外卖骑手的劳动控制研究"[①]为标题发表在《社会学研究》上。陈龙博士的这项研究融合了个人观察、个人兴趣、个人经历三个路径的思路，既融合了对社会事件的客观观察，又融入了极强的个人体悟：因为自己应聘为外卖骑手，有亲身经历和感受。

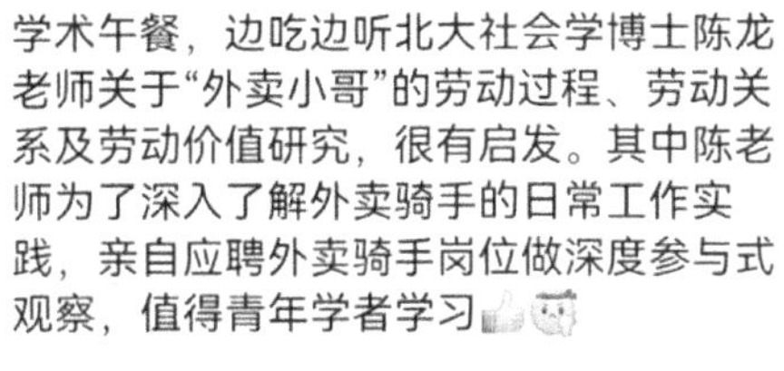

> 学术午餐，边吃边听北大社会学博士陈龙老师关于"外卖小哥"的劳动过程、劳动关系及劳动价值研究，很有启发。其中陈老师为了深入了解外卖骑手的日常工作实践，亲自应聘外卖骑手岗位做深度参与式观察，值得青年学者学习👍😊

图2-5　微信朋友圈的一条发文

---

① 陈龙."数字控制"下的劳动秩序——外卖骑手的劳动控制研究[J]. 社会学研究，2020，35(6):113-135，244.

需要提醒的是，从个人情境中寻找研究单位是一个极度个人化的过程，研究者需要时刻警醒自己不能只做"个人研究"，要结合文献阅读、研究理论、研究方法和其他影响因素，做出审慎选择。

二、需求分析

若将从个人情境着手确定研究单位视为对"供给端"的探讨，那么分析"需求方"的特性和规律也显得同等重要。在学术研究领域中，主要的"需求方"是各类学术期刊。为了更细致地解析需求方的特征，我们引入了"五级分析路径"——一级学科、二级学科、研究方向、研究主题及期刊主题。这一路径类似于漏斗模型，通过逐级细化信息，帮助研究者筛选并确定与期刊匹配度高的研究单位。下面我们详细介绍基于"五级分析路径"的需求分析。

1. 一级学科

在教育部印发的《学位授予和人才培养学科目录（2011年）》（学位〔2011〕11号）中，将学科目录分为学科门类、一级学科两个层级，适用于硕士、博士的学位授予、招生和培养。目前，学科目录一共包含14个学科门类，分别是哲学、经济学、法学、教育学、文学、历史学、理学、工学、农学、医学、军事学、管理学、艺术学，以及交叉学科。

每个学科门类下又设有一个或数个一级学科，如法学门类下设有6个一级学科，分别是法学、政治学、社会学、民族学、马克思主义理论、公安学；文学门类下设有3个一级学科，分别是中国语言文学、外国语言文学、新闻传播学。

一级学科可能看似是一个较为宽泛的概念，与具体的学术研究联系不够紧密。然而，随着学科分类的逐渐细化和学科间交叉融合的日益普遍，学科的界限越来越模糊。一个研究领域可能跨多个学科，这种跨学科性质会对研究者在研究方向、研究内容、研究方法等方面的选择产生显著影响。例如，汉语国际教育专业硕士研究生的一级学科是语言学，汉语国际教育专业博士研究生的一级学科是教育学，这种学科设置就给就读汉语国际教育专业的学生带来了一定困惑。

2. 二级学科

一级学科下设有二级学科，二级学科也就是我们经常说的自己"所学的专业"。

根据教育部颁布的《授予博士、硕士学位和培养研究生的学科、专业目录》（1997年颁布），一共设有386种二级学科。之后教育部又对一些具体二级学科进行了一定的修改，但大框架始终没变。为适应不断变化的人才需求，自2002年起，国家允许具有博士学位授权一级学科的学位授予单位参照1997年颁布的《授予博士、硕士学位和培养研究生的学科、专业目录》，在该学科下自主设置二级学科。

例如，在《授予博士、硕士学位和培养研究生的学科、专业目录》（1997年颁布）中规定，社会学作为一级学科，下设社会学、人口学、人类学、民俗学（含中国民间文学）4个二级学科，而在《学位授予单位（不含军队单位）自主设置二级学科和交叉学科名单》中，在社会学一级学科下，北京大学自主设置了老年学、社会工作与社会政策、女性学3个二级学科，西南财经大学自主设立了社会经济学、应用社会学2个二级学科，中国社会科学院大学则自主设立了社会政策和社会治理2个二级学科。

截至2023年6月30日，在《学位授予单位（不含军队单位）自主设置二级学科和交叉学科名单》中，有252所高校自主设置交叉学科。交叉学科是多个学科相互渗透、融合形成的新学科，具有不同于现有一级学科范畴的概念、理论和方法体系，已成为学科、知识发展的新领域。例如，北京大学申请设立了整合生命科学、纳米科学与技术、数据科学、中国学、能源与资源工程5个交叉学科。

二级学科是各个学校在自己的学校特色、专业特点和人才需求等基础上综合设立的，尤其是自主设置二级学科和交叉学科更是体现了各个高校的优势和特点。对研究者而言，二级学科也基本框定了大的研究方向和研究领域。当然，这并不是说二级学科限制研究者对其他学科的研究，而是说研究者需要在所在的二级学科范畴内进行一个"不跑题"的研究。

3. 研究方向

二级学科仍然是一个非常大的研究范畴，又可以细分为很多具体的研究方向。研究者对研究方向的选择自主性就非常大了，常常是依托个人研究兴趣或团队研究特色而定。目前还没有对研究方向进行精确统计的资料，而研究方向的选择恰恰与研究者的论文选题高度相关。研究方向的选择对于研究者来说尤为重要。

既然无法获取所有的研究方向，那么有没有办法统计一下某个学科或专业主要的研究方向呢？有一个比较简略的方法，就是统计你所在专业实力排名靠前的高校研究生导师的招生方向，虽然不够全面、准确，但也能大体描摹出这个专业主流的研究方向，可以作为研究者了解研究方向的参考。

例如，在北京大学发布的《北京大学 2022 年博士研究生招生专业目录》中，新闻传播学专业按照新闻学、传播学两个专业招生，其中新闻学专业的研究方向有 4 个，分别为马克思主义新闻观之列宁研究、周边传播理论与应用研究、国际新闻传播、国际传播与发展传播；传播学专业招生的研究方向有 9 个，分别为品牌传播、媒介与社会变迁、影视文化与产业、国家传播学、新媒体与社会、健康传播与媒介治理、媒介史与新媒介研究、视觉传播与视觉文化、影视文化与基层传播研究。招生目录中的研究方向已经比较具体，而且体现着该校的专业特色，即使不在该校就读或工作，也可以作为一个参考标准。

再来对比一下中国人民大学。《中国人民大学新闻学院 2022 年"申请—考核制"博士生招生专业目录》显示，新闻学院 2022 年按照新闻学、传播学、传媒经济学、广播电视学 4 个专业招生，但是并没有给出比较明确的研究方向。不过，在《中国人民大学新闻学院 2021 年博导简介表》中提供了比较具体的导师研究方向，如刘海龙导师的专业是传播学，研究方向是政治传播和传播思想史；蔡雯导师的专业是新闻学（全媒体内容生产方向），研究方向是应用新闻学研究和新闻媒体研究。

不同高校的招生方案形式不同，但是基本都包含研究专业、研究方向等基本信息，通过对这些基本信息的整理，可以大体描摹出研究者所在学科的主流研究方向。

4. 研究主题

通过以上几个步骤的分析，研究者对该学科主流的研究方向有了大致了解，但是研究方向对研究者而言，还是范围太大了，需要再进一步细化，在研究方向中寻找自己感兴趣或有价值的研究主题。

研究主题是指在某一研究方向下的具体研究内容。例如，你对中国人民大学新闻学院刘海龙导师的政治传播研究方向感兴趣，需要再具体了解政治传播这个方向下更具体的研究主题。具体的了解方法：在中国知网，以"政治传播"作为检索关键词，检索出所有核心期刊中包含"政治传播"的论文，然后根据第一章中介绍的论文结构拆解表阅读和拆解这些论文，最后归纳出主题发展的脉络或者主题类别。例如，通过对文献的初步阅读和分析，可以归纳出政治传播领域的研究主题包括政治传播史、政治传播理论、宣传方式与效果研究、政治人物形象研究等，每个主题又对应着不同的研究单位。当然，还可以借助 AI 工具进行快速分析。

5. 期刊主题

基于以上路径所进行的分析容易引导研究者进入一个特定的研究主题，但也存在一些问题，如研究者可能会遗漏掉一些比较重要的研究主题，同时研究者也有可能陷入"信息茧房"境地等，所以建议研究者最后对期刊主题进行检阅式阅读，查漏补缺。

对期刊主题的检阅式阅读主要还是选题层面的阅读，不需要深入正文做深度阅读。检阅式阅读主要关注期刊所刊登论文的选题的结构，尤其要分析出选题中的研究单位。如前所述，研究单位是论文选题结构中的关键要素，一般都会选作论文标题的关键词，所以把关键词和论文标题做对比，就可快速锁定论文的研究单位。

三、推荐与评估

什么样的研究单位是一个比较好的研究单位？在评估研究单位的质量时，现有文献主要从价值角度出发，考虑的评估标准包括重要性、价值性、可控性等。这些评估标准为研究者判断研究单位的优劣提供了理论支持。然而，这些评估标准往往缺乏可量化的指标，在实际应用中对许多研究者而言并不直观。研究者在应用这些评估标准时可能会遇到困难，因为这些评估标准很难转化为具体的操作步骤或明确的选择准则。

经过长期的观察和研究，我们尝试从生命周期的角度来分析研究单位，并形成了量化评估程序，虽然不够完善，但希望能为研究者精准把握研究单位提供参考。

生命周期是一个生态学概念，指一个生物从出生、成长、成熟到死亡的全过程。后来，生命周期被借鉴到社会科学中，用来分析更多形态事物的发展规律。生命周期在经济管理学中得到了广泛的应用，经常被用来分析企业、产品、客户、创新等事物的发展规律，在社会学、教育学、政治学等其他领域也得到了广泛应用。不同研究者为生命周期建构了不同的模型形态，最常见的就是四阶段[①]，即将一个事物划分为导入期、成长期、成熟期、衰退期，如图 2-6 所示。在生命周期的不同阶段，事物具有独特的、不同于其他阶段的特征，主导者可以根据事物的不同生命阶段特

---

① 朱晓峰. 生命周期方法论 [J]. 科学学研究，2004(6)：566-571.

征，采取对应的应对方案[①]。

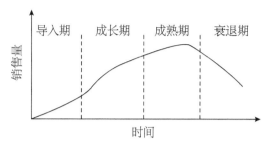

图 2-6　生命周期四阶段模型

选题同样具有生命周期的特征。研究者在探索特定选题时，一般会通过在数据库中检索关键词的形式展开探索。检索结果往往按照某种逻辑排序，而最典型的排序方式是按照时间顺序。这样，就形成了包含检索关键词的选题生命周期曲线。例如，在中国知网，以"社会治理"作为关键词进行检索，将得到的检索结果绘制成一条展示该选题随时间演进的生命周期曲线，如图 2-7 所示。这条曲线反映了"社会治理"这一选题在学术研究中的发展轨迹和变化趋势。

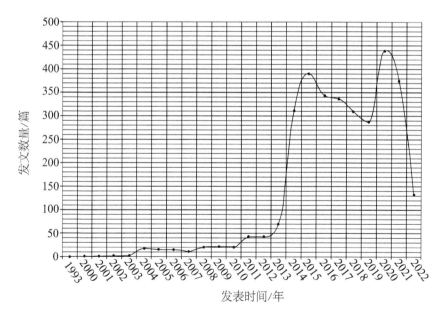

图 2-7　以"社会治理"为关键词的选题生命周期曲线

---

① 王山. 基于多指标体系的技术生命周期判断方法研究 [J]. 现代情报, 2022, 42(3): 77-85.

选题生命周期曲线由发文数量和发表时间这两个关键维度构成：纵轴表示发文数量，这一指标反映了学术界对某一选题的关注度；横轴表示发表时间，不同的时间点串联起来展示了选题的发展轨迹和变化趋势。发文数量的多寡和在时间轴上的分布位置共同决定了一个选题的生命周期，这不仅是理解选题的历史和现状的基础，也是评估选题重要性和活跃度的重要标准。

某些选题的生命周期曲线呈现鲜明的特征，这使我们能够总结出这些曲线的典型特点（见表2-2）并构建选题结构模型。这样的模型能够帮助我们在面对类似的选题生命周期曲线时迅速进行评估和分析，为我们提供了一个识别和解读选题趋势的有力工具。通过这些模型，研究者可以更系统地理解选题的历史演进及其未来潜在的发展路径。

▶ 表2-2 典型的选题生命周期曲线表

典型曲线	曲线图示	选题特征	应对策略	典型案例
抛物线	⌒	选题经过快速拉升到达顶点后，研究势头快速下降，进入生命周期的衰退期	谨慎选择	众筹新闻
指数线	╱	选题的研究势头很强，属于当下热点，短时间内吸引了很多关注。该选题处于生命周期的导入期	适当关注	元宇宙
平稳波浪线	～	在有一定发表量的情况下，选题呈现一定的波动，但是波动范围在一定的区间内，这些特征表明该选题持续性比较强，一般是某领域的经典选题。该选题处于生命周期的成熟期	基于新角度或新材料开展研究	生育
上升波浪线	／	选题整体呈现上升趋势，但是发展过程呈现一定的波动，波动范围在一定的区间内，选题的生命力很强，持续震荡上升。该选题处于生命周期的成长期	重点关注	集体记忆
下降线	╲	选题经过热点事件催化后，急速衰落，随后呈现长尾形态，当发生一些关联事件后，该选题会有一定波动。该选题处于生命周期的衰退期	谨慎选择	博客
点状线或短直线	-	选题是一个新概念，刚开始有人关注。选题有多种发展的可能性，研究者要密切关注选题的品质。该选题处于生命周期的导入期	适当关注	信息失序

现实研究中的选题分析极其复杂，表 2-2 中所列的选题生命周期曲线显然不能够覆盖所有的选题形态。然而，正如先前所讨论的，选题形态基本上由两个核心要素构成——发文数量和发表时间，分别代表着选题的关注度和发展趋势。这两个要素还可以进一步细化，形成一个"关注—潜力"九宫格，如图 2-8 所示。面对那些与典型的选题生命周期曲线不吻合的选题，研究者可以通过审视其发文数量和发表时间点分布，将其精确地定位到九宫格中的一个特定格。九宫格中的每一格都代表了选题的特性，研究者可以根据这些特性制定相应的研究策略。这种方法为处理多变和非典型的研究选题提供了一种结构化的评估框架。

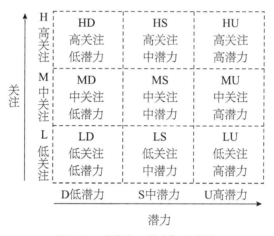

图 2-8 "关注—潜力"九宫格

尽管"关注—潜力"九宫格为研究者提供了一个分析工具，许多研究者在实践中仍难以准确判断选题的潜力。基于生命周期曲线理论，学术志技术团队开发了一个选题趋势分析工具，研究者只需输入选题关键词，便能直接获取该选题的关注度、发表时间点分布，以及在"关注—潜力"九宫格中的定位和相应的实操策略。选题趋势分析工具的具体访问路径：访问青泥学术平台，进入"选题趋势"板块，输入选题关键词，然后单击"选题分析"按钮即可。此外，青泥学术平台还根据各学科的发文数据，精选了一些具有不同特点的推荐选题，以启发研究者或供研究者参考。

第三节 模型应用：选择和确定研究单位的准备工作

在运用选择和确定研究单位的三角模型时，还要注意以下三个方面。

一、选择和确定研究单位的四大原则

原则一：升维思考，降维研究，如图 2-9 所示。人们总讲做研究要"小题大做"，这里的"小题"指的是从宏观角度进行思考，经过抽丝剥茧的分析，选择一个非常具体的研究单位，从而实现降维研究。同时，"大做"则代表了升维思考——研究者在探究某个狭窄领域时，能够将发现和洞见映射到更广阔的知识体系之中。换句话说，通过对一个具体研究单位的深入分析，研究者应能够提炼出广泛适用的理论或发现普遍性的原则，从而在更高层次上反思和贡献知识。这种从局部到整体的思维跳跃不仅能揭示细节背后的复杂性，也能为整个研究领域提供宏观的见解和方向。

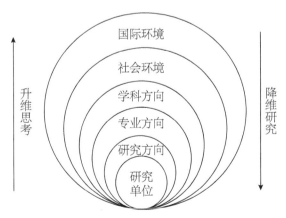

图 2-9　原则一：升维思考，降维研究

原则二：奇点思维，如图 2-10 所示。它强调在研究中寻找并利用那些能够引

发属性变化的关键节点。奇点是研究者探索未知、发现新知和机遇的临界点。在奇点上，常规的模式和规律可能不再适用，正是这种不确定性孕育了创新和深刻的洞见。

图 2-10　原则二：奇点思维

奇点思维要求研究者对这些节点保持高度的敏感性，能够识别并深入探究那些在社会事物发展过程中标志着新起点、禁区、转折或其他关键变化的时刻。例如，一个社会现象的"起始点"可能揭示了趋势的形成，"禁止点"可能指出了法律或伦理的界限，"转折点"可能预示着社会变迁或科技进步，而"其他点"可能是那些被忽视但具有潜在影响力的瞬间。

运用奇点思维的研究者会审视这些节点，探究它们的成因、发展和潜在的未来路径。通过深刻理解这些关键时刻，研究者能够在学术探索中找到新的角度，引领学术讨论进入前所未有的领域。

原则三：核心优势，如图 2-11 所示。每个研究者都有其特定的能力范围、能力类型、个人经历和思考方式，这些要素共同构成了其独特的能力谱系。这种个性化的能力谱系被分为三个领域：优势域、重合域和弱势域。

图 2-11　原则三：核心优势

优势域是指研究者最擅长和最自信的领域，能够展现出其独到的见解和高效的研究能力。研究者应当在此领域内挑选研究题目，利用自身的强项在学术竞争中脱颖而出。

重合域涉及的是研究者能力处于平均水平或普通的区域，在此领域内选择研究题目可能会面临较为激烈的竞争和挑战，因为其他研究者也可能在这一域内拥有相似的能力。

弱势域则是研究者相对较弱或不熟悉的领域。在这一领域中选择研究题目可能会增加工作的难度和复杂性，因此建议避免。

通过识别和发展自己的优势域，研究者不仅能够充分利用自身的潜能，而且还能在选题和研究过程中展现出最大的能力和最深的洞察力。同时，明智地避开弱势域，可以让研究者更有效地集中资源和精力，在学术界建立更坚实的地位。

原则四：赛道思维，如图 2-12 所示。这是从红杉资本的投资策略中借鉴而来的，即"投资于赛道，而不是赛手"。在学术研究的语境下，这个原则强调选择那些具有潜在发展趋势和前景的研究领域，而非仅仅追随某个领域内的某个研究者或研究团队。

图 2-12　原则四：赛道思维

一个优秀的研究单位应当展现出前瞻性，能够预见学科的发展方向，并对其他研究者的工作产生深远的影响。这样的研究单位如赛车道上的领航员，它为随后的研究者提供了一个坚实的基础和参考点，使他们能够在这个基础上进一步推动研究主题的发展。选择正确的赛道，即选择一个有着广阔发展潜力和未来影响力的研究单位，可以使研究者在学术赛道上保持领先，甚至有可能引领整个领域的研究方向。

二、厘清研究单位的基本概念和发展脉络

运用选择和确定研究单位的三角模型，研究者能够筛选出有趣或具有发展潜力的研究主题。但为了在这些候选主题中做出最终选择，研究者需要深入了解每

一个研究单位的具体细节。这一过程要对研究单位的基本概念进行快速但全面的掌握。

第一步，研究者可以通过百度百科、维基百科、MBA 智库百科等在线平台进行初步查询。由于这些内容聚合自网络，并不符合学术规范，所以只供研究者参考，尽量不要引入正文。

第二步，中国知网的"知识元检索"功能可以提供更加专业的信息来源，如"知识元检索"中的工具书、手册等。在电子书阅读平台如微信读书 App 和得到 App 等中也可以搜索特定的电子书内容，查找概念的出处和解释。由于不同平台的电子书收录可能存在差异，多平台查询能提供更全面的信息。

第三步，经过前两步的初筛后，若觉得还需要继续深入研究，那就到中国知网等数据库中搜索主题论文进行深入阅读。

梳理研究单位的发展脉络是文献综述的一部分，也是一项较为复杂的工作。在选择研究单位阶段，暂时不需要做非常深入的脉络综述，只需要对候选研究单位的发展脉络有个基本的认知。研究者一方面可以通过既有的相关综述型论文，快速了解候选研究单位的概念和发展；另一方面可以借助一些第三方工具，如 CiteSpace、青泥学术等进行快速分析，快速了解研究单位的情况。

三、了解研究单位的基本分类

研究单位的选择几乎是无边界的——理论上，任何事物都有潜力成为研究的焦点。对研究单位的类别进行基础性分类不仅可以拓展研究者的视野，还可以激发研究者对不同研究领域的兴趣，特别是那些未曾涉足的新领域。笔者提出了将研究单位分为五类的框架：人（个体或群体）、物（物体或物质）、事（事件或过程）、理（理论或概念）、模式（模型或系统）。这样的分类有助于研究者更系统地理解和选择研究单位，增加选择的多样性和深度。研究单位的分类在《写好论文》一书中有详细的阐述，对此感兴趣的读者可以查阅相关章节，以获得更深入的理解。

第四节 AI 辅助下的模型实操与案例拆解

一、一篇 CSSCI 期刊论文的选题实操案例

《政务微信助力社会治理创新——以"上海发布"为例》[①]（以下简称《政务微信》）是笔者读博期间发表的第一篇 CSSCI 期刊论文，下面我们以这篇论文作为案例，复盘选择研究单位的实操逻辑。

在博士一年级上学期，笔者主要的任务是上课和阅读。其中，"马克思主义与当代中国"是所有博士生必修的一门公共课。这门课在下午进行，授课方式独特，由课程主持老师邀请哲学、马克思理论等领域的专家进行演讲，然后就演讲内容与专家进行深入的对话和互动。尽管对于博士一年级的笔者来说，这些内容几乎都是陌生的，但通过这门课，笔者对其有了初步的了解。期末考核的要求是根据授课内容撰写一篇学术论文，题目自拟，并需要制作 PPT 进行汇报。

"马克思主义与当代中国"这门课的结课时间较早，于是这篇论文成为笔者读博期间的第一个选题和写作任务。因为这门课是所有专业的博士生必修课，涉及的专业非常多，很多同学的选题范围基本就是"马克思+自己学科中的某话题"，如马克思主义新闻观研究等。这样的选题可不可以？当然是可以的，但对于笔者却不适合，因为笔者当时在马克思主义领域的积累几乎为零，没有能力也没有计划在这个领域展开研究。

那如何选题呢？笔者就重新翻阅课堂笔记，在一篇笔记中看到国家治理、社会治理等概念和内容。虽然不是课堂讲授的核心内容，但当时笔者觉得这类概念比另一类哲学概念要好懂一些，尽管这类概念对笔者来说也都是极其陌生的。当时，《中国共产党第十八届中央委员会第三次全体会议公报》中也多次提及"社会治理""国家治理"等政治理念。"社会治理"这个概念和范畴比较广泛，既和课程主题相契合，也和社会学的一些概念相结合，可以做进一步阐释和延伸。不过，"社会治理"并不是传播学的传统研究议题，如果要选择"社会治理"，还需要在这个大的方向

[①] 郭泽德. 政务微信助力社会治理创新——以"上海发布"为例 [J]. 电子政务, 2014(4): 76-83.

下做进一步细化思考。

当时，笔者对自媒体发展比较感兴趣，并注意到一个现象：在微博时代，很多政府部门开始进驻微博，申请官方账号，作为政府治理的一种新模式和新尝试。微信公众平台出现时，也有一部分机构申请创建官方账号。但是微信公众平台和微博的传播机制差异很大，大家几乎都处于摸索期，政务微信这种细分领域还没得到关注。基于研究兴趣和研究基础，笔者决定把"政务微信"作为研究单位，放在社会治理的大背景下，来研究政务微信对当前社会治理模式的创新。

确认研究选题后，笔者使用了内容分析法，选取了比较有影响力的"上海发布"微信公众号作为研究案例，结合社会治理理论，进行了比较系统的分析。

论文撰写完成后，笔者先投稿到中国传媒大学第七届全国新闻学与传播学博士生学术研讨会，顺利参会并宣读了论文，听取了一些反馈建议。修改后的论文作为课程作业，以PPT形式汇报后上交，拿到了不错的分数。最后是最关键的发表环节，笔者当时的核心期刊发表经验也很少，经过查询后发现《电子政务》这本期刊尤其关注"新媒体＋社会治理"主题，和论文选题比较匹配，就尝试投稿，后来非常顺利地刊发出来了。实际上，《电子政务》是政治学领域的一本核心期刊，这篇论文属于跨学科发表了。

最后对这个案例做一个总结。

第一，笔者最终选择将"政务微信"作为研究单位，是基于个人经历、个人兴趣和个人观察的融合。当时笔者对自己的定位是不但要做一个传播学研究者，同时也要做一名实践者，于是笔者先后运营网站、微博、微信等平台，对研究单位具有基本的"体感"，成为一名新媒体发展的亲历者。同时，新媒体是笔者最主要的研究兴趣，那时的研究成果基本上是围绕新媒体展开的。当然，这也离不开对当时社会环境的观察，关注国家级大事件，找到公报中的研究线索，并将其融入选题中。

第二，这次选题在需求分析方面是不足的。本案例中的选题过程其实还挺纠结的：既要符合课程要求，也要符合专业要求，最重要的是还必须符合期刊需求。由于当时论文发表的经验较少，笔者主要考虑和纠结的是前两点，对期刊需求方面没有重视，也没有进行基本的调研和分析。

第三，由于当时论文写作和发表的经验欠缺，笔者都是基于自己的想象来展开写作的，缺乏借助一些工具提高写作科学性的意识。即使常借助中国知网，但也只限于查询文献，对于其他功能都没有使用意识。

二、借助 AI 工具分析个人情境资料

个人情境资料类型丰富，几乎包括了各种类型，如个人日记、学术沟通记录、田野调研笔记、文献阅读笔记、学术研讨会发言记录、关于某现象的新闻报道、社交媒体资料等。这些资料都带有明显的个人特点，但它们的结构并不统一。借助AI工具，我们可以方便地提取关键要素和线索，使其为确定论文选题提供有价值的参考。

这里选择澎湃新闻网站上的一篇标题为《"全职儿女"：逃避有时有用，但只是暂时有用》的文章作为演示案例。

指令：

我是一名社会学博士研究生，目前正处于确定论文选题的阶段。请你担任博士生导师，帮我从以下材料中提取10个关键的学术概念，作为我论文可能的研究主题，并解释为什么你认为这些概念值得深入研究。

参考材料：

（略）

AI答：

当然，我会尽我所能帮助你从这篇文章中提取关键的学术概念，并解释为什么这些概念值得进一步研究。以下是我认为的10个重要的概念。

1. 全职儿女：这是一个新的社会现象，指的是一些年轻人选择留在家中，而不是依照传统寻求就业或进一步接受教育。由于这是一个新兴现象，对它的理解和研究还很少，因此可以从多个角度（如社会、经济、心理等）进行深入研究。

2. 社会性断乳：这个概念描述了个体从经济上独立的过程。探讨这个过程的延迟或阻碍，可以帮助我们更好地理解个人成长的挑战和社会压力。

3. 代际财务转移：这涉及财富在家庭成员之间如何转移，以及这种转移如

何影响年轻人的工作动机和经济状况。这对研究家庭经济学和社会经济动态非常重要。

4. 代际福利陷阱：这个概念描述了一个困境，其中年轻一代由于过度依赖父母而无法实现经济独立，这可能会阻碍他们的社会和职业发展。这个问题在劳动经济学和社会政策研究中是一个重要的议题。

5. 老后破产：这是一个与全球老龄化趋势相关的问题，涉及老年人的财务安全和年轻一代的经济责任。这个议题在社会福利和老龄研究中具有重要意义。

6. 隐形啃老现象：这个概念描述了年轻人间接依赖父母的现象，如依赖父母为买房提供首付款。对此进行研究可以揭示城市化和社会经济压力对年轻人的影响。

7. 社会化过程：这个概念描述了个体如何适应社会规范和期待，进入职场并成为社会的一分子。这个过程在教育学、心理学和社会学中都有很大的研究价值。

8. 家庭利益共同体：这个概念描述了家庭成员之间的经济和情感依赖。理解这个动态关系可以帮助我们更好地理解家庭关系，家庭权力动态和资源分配。

9. 职业准备：这个概念描述了个体准备进入职业领域的过程，包括教育、技能训练和就业选择。这个主题在教育研究、职业咨询和人力资源管理中占据着举足轻重的地位。

10. 个人成长和自我实现：这是一个广泛的议题，涵盖了心理发展、职业满足度、生活满意度等多个方面。研究这个议题可以帮助我们理解人如何在现代社会中寻找个人价值和满足感。

AI工具对从新闻文本中提取出来的学术概念的介绍，不仅是简单的信息解读，更能引领和启发我们的思考，像是闪烁着智慧的火花，揭示出未知的可能性和发展方向，为研究者提供了新颖、全面的视角和理解方式。研究者可以挖掘和分析这些概念，尝试从中找寻新的思考线索，甚至可以在此基础上丰富和发展出更为全面深入的研究选题。这种深度挖掘和整合的过程，不仅能够拓宽研究者的学术视野，同时还能提高他们的研究效率和质量，进一步推动学术界的创新和发展。

三、借助 AI 工具进行需求分析

需求分析的"五级分析路径"构建了一种科研知识体系的层次性结构，依次涵盖了"一级学科—二级学科—研究方向—研究主题—期刊主题"五个层次。该路径从宏观到微观进行深度分析，以达到全面解析科研主题的目标。

借助 AI 工具进行需求分析时，可分成两步进行：第一步，分析前四个层次；第二步，分析期刊主题层次。下面以"社会学"作为演示案例。

第一步，"一级学科—二级学科—研究方向—研究主题"四个层次的分析。

指令：

我是一名二年级在读博士生，我的专业是社会学。请你从"一级学科—二级学科—研究方向—研究主题"四个层次进行细致的分析，展示出一个较为完整的学科地图，并输出 Mermaid 代码块。

AI 答：

非常高兴能够帮助你。社会学是一个庞大且多元的领域，涵盖了许多二级学科和研究方向。下面是我为你制作的一个简化的学科地图，这是基于典型的社会学学科设置，是从"一级学科—二级学科—研究方向—研究主题"的角度设计的。

一级学科：社会学

二级学科：

1. 宏观社会学

2. 微观社会学

3. 社会心理学

研究方向：

1. 宏观社会学：社会结构、社会变迁、社会阶层

2. 微观社会学：社会互动、社会认同、社会网络

3. 社会心理学：群体行为、社会影响、社会认知

研究主题：

1. 社会结构：社会组织、社会分类、社会地位

2. 社会变迁：现代化、全球化、城市化
3. 社会阶层：社会流动、贫富差距、地位认同
4. 社会互动：语言与沟通、身份与角色、冲突与协商
5. 社会认同：性别认同、民族认同、职业认同
6. 社会网络：社会资本、社交媒体、人脉网络
7. 群体行为：合群行为、群体冲突、社会运动
8. 社会影响：权威影响、说服影响、模仿影响
9. 社会认知：刻板印象、社会感知、社会信念

以下是相应的 Mermaid 代码块：

（略）

这个代码块将显示一个包含社会学一级学科、3个二级学科（宏观社会学、微观社会学、社会心理学）、9个研究方向和27个研究主题的学科地图。这个地图展示了社会学的多样性和广泛性，但仍然无法涵盖社会学所有可能的学科和主题。

将 AI 工具提供的 Mermaid 代码导入 Draw.io 中，进行可视化呈现。操作步骤如下：进入 Draw.io 网站，单击菜单栏中的"+"按钮，选择"高级"选项，再选择"Mermaid"选项，然后粘贴 Mermaid 代码，即可展示可视化的逻辑图，如图2-13所示。实际上，这个逻辑图是可以继续延伸的，研究者可以让 AI 工具不断细化自己关注的研究主题分支，直到找到能够"打动"你的研究概念，在此基础上形成最终的研究单位。

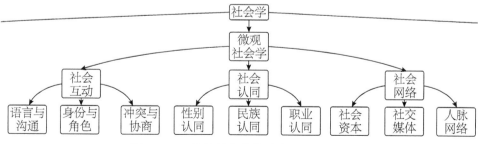

图 2-13 可视化社会学学科地图（部分）

第二步，分析"期刊主题"层次。

先将要分析的期刊数据整理好，然后分段"投喂"给 AI 工具。这一步是为了了解期刊的选题特色，所以只整理论文标题、摘要、关键词等关键信息。在"投喂"时，注意将需要 AI 工具学习的内容以"###（分析内容）###"方式呈现，这样 AI 工具识别指令内容和学习内容就非常容易了。在本演示案例中，将《社会学研究》三期目录"投喂"给 AI 工具，然后执行以下指令。

指令：

请先学习以下内容，学习完成后只需回复"完成"，不要进行其他操作。学习内容：###《社会学研究》三期目录内容###。

AI 答：

完成。

指令：

以上是《社会学研究》三期目录，请从研究单位、研究理论、研究方法、标题结构、标题语言风格几个角度分别分析，然后输出表格，最后总结该刊的选题特色。相关概念参考【】内介绍。【如"文化资本理论视角下的新生代农民工城市融入研究——基于问卷调查法"这个标题中，"新生代"是限定词，"农民工"是研究单位，"城市融入"是研究维度。在 A 变量影响 B 变量的选题中，A 变量是研究维度，B 变量是研究单位。】

AI 答：

为了进行全面分析，我将创建一个表格，包括以下列：标题、研究单位、研究理论、研究方法、标题结构和标题语言风格。每个条目将对应您提供的期刊文章之一。然后我将总结该刊的选题特色，如表 2-3 所示。

▶ 表 2-3　《社会学研究》三期目录的结构化分析

标题	研究单位	研究理论	研究方法	标题结构	标题语言风格
符号生产、关系嵌入与研报经营——券商分析师的行动及其社会嵌入性	券商分析师	符号生产理论、关系嵌入	未指明	描述性，包括研究单位和研究焦点	学术性，使用行业特定术语
数字时代金融诈骗组织的运作机制——基于非矿公司金融诈骗的网络民族志研究	金融诈骗组织	数字社会特性、组织运作机制	网络民族志	描述性，提及数字时代和特定行业背景	学术性，结合现代数字概念
制度化的政商关系何以形成？——基于M市的历史性分析	政商关系	庇护主义、普遍主义	历史分析	问题，关注关系的形成	学术性，包含政治和经济理论术语
改革初期单位制企业破产过程与机制研究——一个产权社会学的分析框架	单位制企业	产权社会学、选择性市场化	未指明	描述性，指定时期和社会方面	学术性，使用社会学和经济术语
"集体"新议：马克思公社思想的启示	马克思公社思想	马克思主义、集体经济、共同体	理论分析	描述性，重新审视经典理论	学术性，使用哲学和经济术语
……	……	……	……	……	……

现在，让我们总结《社会学研究》期刊的选题特色。

该刊关注的社会单位范围广泛，从券商分析师到政商关系以及数字时代的金融诈骗组织，表明对社会经济谱系中各种行动者的广泛兴趣。

理论框架多样，反映了该刊探索不同社会现象的承诺，涵盖了数字社会特性、产权社会学等不同视角。

研究方法并非总是在标题中指定，但从指定了研究方法的标题看，研究方法包括现代（网络民族志）和传统（历史分析）方法，显示了该刊对不同研究方法的开放态度。

标题的结构通常包括描述性元素，清晰指出研究焦点，有时呈问题形式，可能反映了研究的探索性质。

该刊采用统一且学术性的语言风格，使用行业特定术语和理论概念，表明其面向熟悉社会学术语的学术读者群体。

总之，《社会学研究》似乎偏好涵盖传统和当代社会学问题的主题，明显倾向于涉及现代社会变化的研究，如数字化转型及其对生活各方面的影响。该刊收录实证研究与理论研究的论文，对那些对社会动态和转变的细微之处感兴趣的学者、读者颇具吸引力。

表2-3中，AI并没有给出全部材料的分析结果，这是为了节省算力，如果想获得完整的分析内容，可以追加一条指令：请输出完整分析。

经过以上两步分析，我们基本上勾勒出了某个学科的研究地图，接下来就可以以这张研究地图为参考，按图索骥找到符合研究者需求的研究单位。当然，经过以上两步得到的研究地图颗粒度还是比较大的，不够细腻，更细致的操作方法有机会我们再介绍。

四、借助 AI 工具进行评估

在前面的内容中，我们详细介绍了如何运用青泥学术平台的选题趋势分析工具，对感兴趣的研究单位进行评估。青泥学术平台以这些研究单位的文章数据为依据，得出较为客观、准确的评估结果，从而预测未来的研究趋势。

这种评估方法的优势在于，它能够较为准确地反映出一个研究单位过去的学术表现，进而预测其未来研究趋势。然而，在某些特定情况下，这种评估方法可能会面临一些挑战。

例如，对于全新的研究单位，由于它们缺乏历史发表记录，青泥学术平台的评估系统无法按照常规方式获取评估数据，导致评估功能受限。如前所述的"全职儿女"概念，由于尚无相关发表记录，青泥学术平台的评估功能就会失效。

这种情况下，我们可以借助 AI 工具对研究单位进行评估。我们以"全职儿女"作为演示案例。

指令：

我是一名二年级在读博士生，我的专业是社会学。我目前关注到一个现象是"全职儿女"，我想把它作为我选题中的研究单位，请你担任核心期刊主编，从研究潜力、研究价值、创新性等角度评估作为研究单位的"全职儿女"，并打分。

AI 答：

在评估之前，我先阐述一下"全职儿女"这个概念。它描述的是人们成年后仍留在家中并以照顾年老的父母为职业的现象。这样的人群可能已经放弃了自己的工作、社会活动，甚至是个人生活，全职照顾父母。这是一个在许多社会和文化中都存在的现象，因此，从社会学的角度来看，这是一个值得研究的话题。

研究潜力：9/10。目前，"全职儿女"这个现象在全球范围内都比较常见，但在学术界的研究尚不充分。这个现象可能涉及多个领域，如社会学、心理学、人口学等，提供了多元化的研究视角和丰富的研究素材。

研究价值：10/10。研究"全职儿女"不仅有助于了解这一现象的产生和发展，而且还可以为政策制定者提供数据和信息，帮助他们更好地制定老龄化社会的政策。这一研究还可以为我们提供照顾老人的新视角和新策略。

创新性：8/10。虽然"全职儿女"是一个比较新的概念，但是它实际上是对传统家庭照顾模式的一种现代化理解。你的研究如果能从新的角度或者使用新的方法去研究这个问题，那就具有很高的创新性。

总体来说，"全职儿女"作为一个研究单位是具有很大的潜力和价值的，如果你能够将它与当前的社会变化、人口老龄化、家庭结构变化等问题结合起来进行研究，那么这个课题就会具有很高的学术价值和实践意义。

AI 工具通过对研究单位的不同维度进行分析，为研究者提供了一份参考性的评估意见。然而，这份评估意见只是 AI 工具基于提供的数据生成的，只能作为参考，研究者需要综合考虑更多的信息，以做出更为准确和全面的判断。

第五节 本章练习

1. 选取某种类型的个人情境资料，借助 AI 工具进行资料分析，选择一个能打动你的研究单位。

2. 借助 AI 工具，对自己所在学科进行"一级学科—二级学科—研究方向—研究主题"四个层次的分析，形成一幅可视化学科地图。

3. 选取一本学科内高影响因子核心期刊，从中选取一部分论文的标题、摘要、关键词等关键信息并"投喂"给 AI 工具，然后借助 AI 工具分析该期刊的选题特色。

4. 借助 AI 工具和青泥学术平台，对自己比较感兴趣的研究单位进行评估。

第三章
提炼和描述研究问题的 OBTQP 模型

　　在本章中，我们将探索如何构建和理解研究问题，这是学术研究的核心。通过 OBTQP 模型，我们将研究问题拆解为五个关键要素：主体、背景、目标、问题和路径。这一模型不仅能帮助我们明确研究的焦点，还能指导我们如何从研究背景中推导出有意义的问题。本章还将介绍研究问题的来源和类型，以及如何利用 AI 工具辅助我们更高效地提炼和理解研究问题，并辅以案例分析和实操练习，旨在提升研究者在构建研究问题时的系统性和深度，推动学术研究的创新和发展。

第一节　模型背景：研究问题是一个"玄学"？

在网络上曾流行这样一个段子，段子内容是导师和学生之间的对话。

导师：Hi。你做的是什么研究？
学生：关于企业的可持续发展。
导师：酷！具体是什么研究问题？
学生：企业如何做到可持续发展。
导师：那……具体你想研究哪个方面，从什么角度研究？
学生：就是……企业如何保持长期持续发展。
导师：我是说你的研究问题是？"Research Question？"是个问题，是个问句。
学生：哦，问句。"企业怎样保持长期可持续发展？"

这是一段多么尴尬、"驴唇不对马嘴"式的对话。问题在哪里？这里借助 AI 工具分析一下导师和学生之间的分歧点具体在哪里。

指令：

请根据这段对话，分析一下导师和学生之间的分歧点。对话如下：

（略）

AI 答：

从这段对话中，我们可以看到导师和学生之间的主要分歧在于对研究问题（Research Question）的理解。在科研中，"研究问题"指的是研究项目希望解答的具体问题，它通常需要足够具体，以便指导研究设计和研究方法选择。

在对话初期，学生只是简单地陈述了他的研究主题——企业的可持续发展。当导师询问具体研究问题时，学生仍然只是重复了研究主题，没有提出一个具体的问题。在科研中，"企业如何做到可持续发展"太过宽泛，涵盖了许多可能的具体问题，如公司治理、环保政策、创新策略等各个方面。

导师试图让学生理解他需要一个更具体的研究问题，但学生的回答仍然保持在较为抽象的层次上。最后，虽然学生提出了一个形式上的问题："企业怎样保持长期可持续发展？"但实质上这仍然没有解决导师的疑问，因为这个问题仍然过于宽泛，并没有明确的研究方向和研究深度。

总的来说，分歧主要在于学生对于"研究问题"的理解偏向于一个宽泛的主题，而导师期望的是一个更为具体、明确的科研问题。

导师试图通过连续追问来了解学生的具体研究问题，然而学生却对此一头雾水，对导师的追问感到困惑不已。实际上，这种尴尬的对话并非虚构，而是在现实中频繁上演。问题的关键在于，学生和导师对于"研究问题"的理解存在差异。

好的研究应该围绕着一个研究问题不断深入挖掘，就像不断打一口深井。但实际上，很多研究者往往"迎难而退"，不求深入，反而求大求全，做"摊大饼"式研究。有学者撰文指出："按照教科书式体例撰写的法学论文，其最大的弊病在于'有论域而无论题'，亦即只是选定了一个研究领域、对象或范围进行面面俱到的介绍和叙述，却没有从中提炼出一个中心论题贯穿全文始终并加以论证。"[①] 尽管这篇文章是对法学论文写作中存在问题的归纳，但实际上，在几乎所有的人文社科领域的论文写作中，都存在着类似的问题。我们将这种现象概括为"研究问题失语症"。

根据前述的"顶天立地加两翼"论文结构模型，可以发现研究问题在其中扮演着至关重要的角色，堪称整个研究项目的核心与灵魂。在学术期刊对文章的评审过程中，研究问题被视为最关键的考量因素。如《求索》杂志对稿件的基本要求是"问题意识突出，具有实践指导价值……"，《探索与争鸣》杂志对稿件的基本要求是"以强烈的问题意识为导向……"，《中国政法大学学报》杂志对稿件的基本要求是"从具体问题出发，从学术问题着手……"，等等。

不过，令人疑惑的是，与对研究问题的热忱相比，研究问题的具体标准似乎并不明确。一些学者提出了对研究问题的理解。例如：

---

① 尤陈俊.作为问题的"问题意识"——从法学论文写作中的命题缺失现象切入[J].探索与争鸣，2017(5):103.

- 研究问题指那些值得进行研究的问题,具有一定的研究价值,可以由科学研究来解释,并且清晰明确地以问句的方式将问题的核心焦点表达出来。①
- "问题意识"就是人们在考虑任何问题时都要把这些问题放在一定的历史的、社会的背景下,都要分析无数个个人是怎样主动参与,"共谋"这样的行为规范,并采用"适当"的理论解释或诠释人们的行为或观念。②
- 什么才是学术研究中真正的"问题意识"?我觉得,找到具有理论价值的问题是做出理论创新的前提。因此,"问题意识"中的"问题"应该是"具有理论意义的问题",而不仅仅是制度和法治层面的问题,只有这样,我们才能经由对这一问题的研究提出具有解释力的理论。③

众多学者对研究问题进行了深刻阐释,提炼出了研究问题中的关键要素,如理论、规范、阐释等。然而,当前基于学术研究范式的阐释偏于抽象,初学者难以领会。那么,有没有更具体、更具操作性的解读呢?

我们先从"问题"这个词着手。

曹锦清教授认为问题就是"预期与现实之间的反差以及由这个反差而引起的心理困惑"④。根据这个理解,我们可以假设一个问题的预期值(Expectation)是 E,现状值(Actuality)是 A,那么问题就应该是预期值与现状值的差值(Difference)。若差值是 D,则有 $E-A=D$。如图3-1所示:在第一组和第三组中,预期值与现状值相等,不存在差值,也就是说不存在问题;第二组中预期值与现状值存在差值,这个差值 D 就是我们要关注的问题。

据此,我们可以理解,研究的核心在于分析研究预期与现状之间的差距以及这种差距所引发的心理困惑。研究问题可以拆解为四个关键因素:研究预期、研究现状、差值和心理困惑。

---

① 袁方,王汉生. 社会研究方法教程[M]. 北京:北京大学出版社,1997.
② 仇立平. 社会研究和问题意识[J]. 江苏行政学院学报,2010(1):70-75.
③ 陈瑞华. 社会科学方法对法学的影响——在北大法学院博士生《法学前沿》课上的演讲[J]. 北大法律评论,2007(1):199-235.
④ 曹锦清. 问题意识与调查研究[J]. 社会学评论,2014,2(5):3.

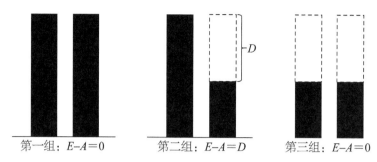

图 3-1　问题就是预期值与现状值的差值

第二节　模型拆解：研究问题的五个核心要素

基于以上对研究问题的详细拆解，以及对众多论文的深入研读和逻辑分析，笔者结合学术研究的特性和语境，尝试构建了一个全新的研究问题模型，即 OBTQP 研究问题模型，如表 3-1 所示。该模型包含五个核心要素：主体（Owner）、背景（Background）、目标（Target）、问题（Question）和路径（Path）。通过对这五个核心要素的全面思考，我们能够形成一个相对完整的思维闭环，旨在为研究问题提供更为系统和深入的解析。

▶ 表 3-1　OBTQP 研究问题模型

要素	描述
主体	
背景	
目标	
问题	
路径	

要素一：主体

主体是指在研究情境中的主要行动者，通常是选题中的研究单位，扮演实际社会情境中的行为发起者角色。在阅读研究文献时，我们能够轻易地辨别出某些主体，而对于另一些主体，直接识别则相对困难。总体上，识别研究中的主体并不复杂，但这确实是思考研究问题的首要步骤。

在构建研究问题时，研究者需关注一个核心要素，即明确研究主体的范围。在研究过程中，应保持对象范畴的一致性，避免出现前后不一致的混淆问题。例如，不应将"大学生"和"大学生家庭"视为同一范畴，因为它们具有不同的内涵和范围，它们实际上是两个不同的主体。

要素二：背景

背景是指主体在特定情境下的存在状态，也就是主体的现状值。

在论文中，研究背景作为论文的开篇部分，尽管篇幅有限，但其重要性不容小觑。研究背景不仅是研究的初始假设和合法性依据，更是后续推论合理性的关键保障。准确、客观的研究背景描述能够确保研究问题的质量，同时也为推论研究问题提供关键资源。因此，无论从哪个角度看，研究背景部分的信息都具有极高的价值。

需要注意的是，构建研究问题的背景信息和论文中的背景描述有所区别。论文中的研究背景需要提供具体的数据、材料、政策文本等素材，以客观、公正的方式描述主体的存在状态，并为引出研究问题奠定基础。而在构建研究问题的过程中，所使用的背景信息实际上是论文中研究背景的概括和提炼，其主要功能是为构建研究问题提供方向性引导，而不需要过多的细节描述。

要素三：目标

目标是指研究者期待主体在特定情境下的理想存在状态，它对应的是预期值。

在《写好论文》一书的 EADQ 研究问题模型实践中，部分读者对"研究的预期值"这一要素理解起来有些困难。实际上，研究者通常会在引言或结论部分阐述研究的价值或意义，这些内容实际上是研究者对研究主体未来发展的预期判断，这种预期值包含了作者的主观评价和期待。

在构建研究问题时，研究者需要明确自己的目标，即进行该研究的初衷。只有当研究者通过深入思考，逐渐明确研究主体的理想状态时，才能根据研究主体的现状，推断出预期值与现状值的差值，进而确定研究问题。然而，这种理想存在状态是研究者基于个人认知构建的，其中包含着强烈的主观色彩。此外，这种理想存在状态也是受多种客观条件综合影响的。因此，在构建问题时，研究者需要敏锐地察觉对主体发展产生影响的客观因素，结合自己的理解，构建出既合理又具有想象空间的主体目标。

要素四：问题

问题是指主体在特定情境下的现状值与研究者的预期值之间的矛盾、冲突、困惑等，即预期值与现状值的差值。这是对研究问题最核心、最直接的表述。问题是对主体在特定环境中的多种生存状态的推断，其根源在于主体相关的背景和目标。如果忽略背景和目标信息，直接讨论问题，那将如同无源之水、无本之木。

问题是背景和目标相互作用的结果，它们是构建研究问题的核心要素。在思考研究问题的过程中，背景和目标并非固定不变，而是随着研究者对主体的理解逐步调整。同时，研究问题也始终处于不断优化的状态。这种优化过程会持续到论文写作甚至发表之后。在基于问题进行论证的过程中，研究者可能会根据新材料或新见解对问题进行重新审视，甚至有的研究者在论文发表后，对原有问题有了新的认识，会基于原问题重新构建和解释一个新问题。因此，研究问题并无固定的标准状态，研究者需要在背景、目标和问题之间寻求平衡，并认可问题的价值，从而围绕问题展开论证。

要素五：路径

路径是指以研究者的视角帮助主体解决问题的过程，即给出解决问题的方案。路径一般体现在研究设计中。在路径设计中，研究理论和研究方法是研究者最常用的两个要素。通常的思路是，在某个理论框架下，运用某种研究方法，对某一问题进行深入研究，以实现特定目标。

尽管路径与问题的关联性看似不明显，但实际上，一个有效的研究问题必须建立在一定的理论基础之上。理论不仅作为解决问题的关键工具，同时也是问题的本质属性。同样地，研究方法也是如此。路径推动问题从主体的实践空间延伸到主体的学术空间，实现了从主体视角的问题向研究者视角的问题的转变。因此，思考路径对于构建研究问题具有重要的意义。

第三节 模型应用：研究问题的来源与类型

一、OBTQP 研究问题模型聚焦于问题的前因后果，并不只是对研究问题的表达

OBTQP 研究问题模型是一种针对研究问题的思维模型，它提供了一种模型化的思考方式。在复杂的世界中，思维模型已经成为理解事物本质的重要工具，它为使用者提供了一套结构化的思考框架，通过可视化的方法，帮助人们快速理解事物的规律并据此采取行动。思维模型有两个主要特点：一是勾勒出目标事物的结构轮廓，清晰定义事物的边界和内涵，以便在一个清晰的边界体系内理解事物；二是明确结构要素之间的关联和规律，理解事物内部的运行状态，从而更准确地理解目标事物。

我们主张，在学术研究过程中，研究问题的表述并非简单的一句话，而是要围绕着主体探索产生研究问题的前因后果。只有通过结构化思考和立体化探究，才有可能掌握构建研究问题的方法。

OBTQP 研究问题模型是我们尝试构建研究问题的思维模型，它清晰地指出了研究问题的边界和内部要素，帮助研究者就对研究问题的理解达成共识，并提供可操作的指导。然而，任何一个思维模型都不可能完美无缺，需要在实践中不断检验、迭代和优化。

二、OBTQP 研究问题模型中，核心环节是如何通过背景推导出要研究的问题

研究者在筛选主体背景信息时，需从多元、综合的客观事实中选择一部分作为分析素材。这一过程的主观性很强，因人而异，不同选材将导致问题研究方向的差异。

同样，主体目标的构建也具有很强的主观性和不确定性。虽然主体背景信息基于客观事实，但主体目标却完全依赖于研究者的想象力，因为现实中并不存在主体

的理想状态，只能通过研究者的想象来弥补这一空缺。

在以目标为导向的研究问题构建过程中，从背景推导出问题是核心且最具挑战性的环节。以下提供几种思考方法供大家参考。

1. 绘制主体问题结构图

在关于主体的已有学术成果中，都包含对主体、背景、目标和问题的直接阐述。不同研究者对主体背景的选择和描述，共同拼接成了关于主体的较为完整的信息。研究者需要基于主体信息建构不同的目标、问题和路径。这种发散结构就是一个以主体为中心点的思维导图。所以，研究者可以按照"主体—背景—目标—问题"的路径进行整理，然后导入思维导图等结构化工具中，从发现"新的背景、新的目标、新的问题"三个结构点上进行思考，直到找到好的研究问题。图 3-2 所示是对五篇乡村短视频主题的论文进行 OBTQP 研究问题模型分析后，导入 Xmind 软件中所形成的问题结构图。

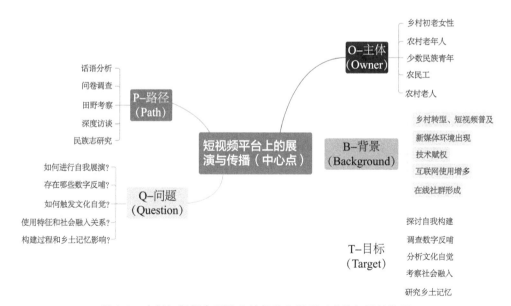

图 3-2　乡村短视频主题论文的部分文献所形成的问题结构图

2. 对主体进行试调研

有的时候，仅仅依靠文献的收集和整理是不够的，必须对主体有深刻的认知，以便从主体的角度进行思考。如果没有这样的同理心，很多研究者可能无法察觉和认识某些问题。在学术研究中，研究者可以使用对主体进行试调研的方法更深入地了解主体的心理特征。常用的试调研方法有少量问卷调查法、个别主体访谈法以及短期的实地调研等。

3. 成为"主体"

了解主体最好的方式就是成为"主体"。当然，研究者很难真正地成为"主体"，但是可以通过科学的研究手段短暂成为"主体"一员，比如田野调查就是暂时参与到"主体"实践中，更深入地了解"主体"。如北京大学陈龙博士为了研究外卖骑手，亲自应聘，成为外卖骑手队伍中的一员，对主体进行体验式观察。此外，自我民族志方法就是将研究者自己作为"主体"。

需要注意的是，学术研究中，主体的类型多种多样，"主体—背景—目标—问题"的分析路径也不尽相同，研究者要根据主体的实际情况，进行对应的分析和推断。

三、明确研究问题的类型和层次

研究问题的形态是多样的，依据不同的维度，研究问题可以分为不同的类型。

1. 依据不同的研究目的进行分类

依据不同的研究目的，研究问题可分为如下三类。

（1）What（是什么）型问题：用于描述研究，研究目的是探究研究对象本质。

例如，《表情包：密码、标签与面具》[1]从社会属性角度探讨表情包的本质属性和意义，可以将其研究问题概括为：互联网表情图标所包含的社会文化规则、疆界和面具功能是什么？这是一个典型的 What 型问题。

（2）Why（为什么）型问题：用于解释研究，研究目的是探索研究对象的影响要素。

例如，《高端芯片制造存在"小院高墙"吗——理论解析与中国突破路径模拟》[2]一文的核心研究问题是：中国高端芯片制造为什么难以实现突破？论文通过理论分析指出，当前高端芯片制造市场存在"小院高墙"式的市场结构，主要市场主体通

---

[1] 彭兰. 表情包:密码、标签与面具 [J]. 西安交通大学学报 (社会科学版)，2019，39(1):104-110，153.
[2] 渠慎宁，杨丹辉，兰明昊. 高端芯片制造存在"小院高墙"吗——理论解析与中国突破路径模拟 [J]. 中国工业经济，2023(6):62-80.

过建立紧密的研发合作关系，抬高了行业的进入壁垒，导致出现"小院高墙"的组织结构特征。这种结构特征阻碍了中国企业进入高端芯片制造市场。

（3）How（怎么办）型问题：用于应用研究，研究目的是探索研究对象的实践策略。

例如，《即时通讯中表情包版权保护的争议、冲突与应对》[①] 一文探讨了表情包版权保护的问题，可以将其研究问题概括为：如何保护表情包运营中的版权？这是一个典型的 How 型问题。

这三种问题类型是最主要的问题类型，不同的问题类型也反映了论文整体的研究思路。在这三种类型基础上，还可以做更细致的分类，如历史研究（When）型问题、差异研究（Difference）型问题等。不同类型的问题代表了不同的研究取向，在具体执行中，研究者在从背景中推导问题时，可尝试提出几种不同类型的问题，然后通过对不同类型问题的审思以及路径层面的思考，选择其中一种问题。

2. 依据不同的问题层次进行分类

依据不同的问题层次，研究问题可分为如下三类。

（1）困惑（Trouble）型问题：这是问题的来源和雏形，此时研究者处于被动困扰阶段，还未进入主动思考阶段，只有浅层次疑问，困惑最终有可能发展成明确问题，也有可能没有形成明确问题。在学术研究中，困惑对研究者价值非常大，困惑是研究者进行某项研究的缘起，相当于艺术创作中的"创意点"。困惑本身又是复杂的，困惑既有深浅之分，也有真假之分，有些问题在你这里是困惑，但在别人那里却非常清晰，所以基于文献的验证和深入环节非常重要。

例如，许多大学老师都关注到课堂上的一些现象，如课堂沉默、沉浸电子设备，甚至影响了正常的课堂秩序。这对老师来讲就是一种困惑型问题。有些老师通过加强课程管理和增加课堂互动来提升教学效果，而另一些老师则深入研究，阅读文献，从学术研究视角探讨这一问题。

（2）麻烦（Problem）型问题：对问题的评价比较负面，认为问题就是麻烦，解决问题就是解决麻烦。这里的 Problem 基本上可以算是 OBTQP 模型中 Q 的阶段，是从主体背景和目标的比较中推导出来的差距，这种差距也就是主体目前面临的问题，这个问题是重要的、亟须解决的。

[①] 付丽霞. 即时通讯中表情包版权保护的争议、冲突与应对 [J]. 科技与法律, 2019(1)：34-39.

例如，课堂上学生沉浸电子设备形成了对原有课程空间和秩序的解构，如在课堂这种特定公共空间内，学生通过电子设备建立了个人空间；影响课堂秩序的行为是被严格限制的，但是学生带电子设备进课堂反而越来越普遍等。在提升课堂教学效果（目标）和学生携带并沉浸电子设备（背景）之间形成了差距，也构成了研究问题的来源。

（3）事项（Issue）型问题：将问题看作一个重要事项，运用科学方法，深入探究问题背后的本质规律。OBTQP 研究问题模型所构建的研究问题属于事项层次的问题。如前所述，OBTQP 研究问题模型不仅关注问题的表面表达，而且深入探讨问题的成因和影响，从多维度对问题进行立体化的理解和构建。

例如，《接管空间、对抗规则与建构仪式：大学生对手机的课堂驯化实践》[①]一文就关注了大学生课堂使用手机的问题，作者基于驯化理论，通过参与式观察和深度访谈相结合的质性研究方法，探讨了手机如何适应课堂环境的问题。作者通过理论和方法运用，聚焦问题的前因后果，建构了一个较为完整的研究问题空间。

3. 依据不同的问题范畴进行分类

依据不同的问题范畴，研究问题可分为如下三类。

（1）主轴型问题：研究问题中的核心问题，对研究问题中的主要要素的表达。一项研究中应该有几个研究问题？答案是一个。一项研究应该围绕着一个问题展开研究，目标是解决这个问题。但这好像又与大家观察到的现象相悖，比如一项国家社科基金项目要发表几篇论文或出版多部专著，在一些论文文本里作者要解决几个问题。大家观察到的现象就涉及了问题的范畴，一项研究只有一个研究问题，这里的研究问题就是主轴型问题，是一项研究中要解决的核心问题。

（2）扩展型问题：对主轴型问题的拆解和细化。扩展型问题也就是上述大家观察到的一项课题中的数篇论文或一篇论文中表述的数个问题，它们其实都是对主轴型问题的拆解。大家看到扩展型问题时，要意识到主轴型问题的存在，主轴型问题才是一项研究的根。

（3）底层型问题：一项研究之所以能够成立的基本问题，如研究的创新性在

---

① 汪雅倩. 接管空间、对抗规则与建构仪式:大学生对手机的课堂驯化实践 [J]. 中国青年研究, 2023(3): 90-99.

哪里？研究的科学性在哪里？……底层型问题不是具体的问题，更多的是对学术研究标准的建立和检验。例如，创新性是一项研究的基本属性，很多研究者不会把创新性直接写入论文文本，但是这又是一个不容逃避的问题，是隐藏在研究背后，需要研究者自己思考和确定的问题。关于学术研究的这些隐性问题，我们归类为底层型问题。

例如，《政府指标的生产：类型与过程——以 A 省民政规划指标编制为例》[1]一文在前言中直陈研究问题："本文试图回答以下几个问题：第一，行政部门在指标生产时的主要考虑要素有哪些？第二，指标有哪些类型和构成差异，我们应该如何认识及解释这些差异？第三，一项或一系列指标是如何生产出来的？那些身处其中的行动者基于何种考虑形成了什么指标生产结果？"作者一下子提出了三个研究问题，这三个研究问题就属于扩展型问题，是对主轴型问题的拆解和细化。

那么主轴型问题在哪里？一般来讲，作者都会在前言部分交代研究背景、研究对象、研究目标等相关研究要素，主轴型问题就是"研究背景和研究目标的差值"。主轴型问题一般并不会直接使用疑问句表述，而是通过对背景、目标等要素的描述，指出问题所在。

《政府指标的生产：类型与过程——以 A 省民政规划指标编制为例》一文对背景、目标等要素的描述集中在这一部分：

> 在既有的政府指标研究中，关注点集中在指标运作链条的末端，即执行、考核与应对层面，其中着墨较多的是指标治理失灵的现象，然而，实践和理论都能清晰地表明，指标的生产与执行环节是相互交织的，有关指标治理失灵问题的解释可以从指标生产环节寻找生长点，两者共同形塑了指标运作的特征。因而，要深入认识政府运作过程特征以及指标的治理效用，应该进一步将指标生产环节纳入讨论，在指标治理的前端发现政府组织指标生产的逻辑，进而从整体上认识组织运作的面貌特征。

---

[1] 陈那波,陈嘉丽.政府指标的生产:类型与过程——以 A 省民政规划指标编制为例[J]. 华中师范大学学报(人文社会科学版),2022,61(5):49-64.

从这段内容可以分析出：研究背景是"在既有的政府指标研究中，关注点集中在指标运作链条的末端"，目标是"整体上认识组织运作的面貌特征"，差值就是"在指标治理的前端发现政府组织指标生产的逻辑"。那么根据要素拆解与分析，可以归纳出研究问题：政府如何组织指标生产？这个研究问题就是该文的主轴型问题，围绕着主轴型问题可以细分出以上的扩展型问题。

底层型问题包括这样的研究为什么能成立，具有什么研究价值，如何保证研究的有效性，等等。作者通过文献综述、研究创新、研究方法等部分内容的阐述回答了这些问题。

4. 依据不同问题的来源进行分类

依据不同问题的来源，研究问题可分为如下三类。

一类是理论预期与现实之间的反差引发的问题，二类是政策与实践的反差引发的问题，三类是在同类事物的比较中形成的问题意识。[①]

首先，理论预期与现实之间的反差是一种非常常见的研究问题来源。举个例子，假设我们的理论预期是提高教师的工资会增加他们的工作满意度。然而，我们在现实中发现，尽管教师的工资提高了，但他们的工作满意度并没有显著提高。这种理论预期与现实的反差就可能引发一系列的问题。例如，是否有其他的因素影响了教师的工作满意度？这些因素是什么？这样的问题构成了一项研究的切入点。

其次，政策与实践的反差也是一个重要的问题来源。简单来说，就是关注政策给出的承诺是否得以兑现。如果没有，那么原因可能在于政策规划本身出了问题，或者执行者出了问题。以环保政策为例，政策可能承诺通过规定企业必须减少污染物排放来改善环境。但如果实际上环境并未得到明显改善，那么问题可能出在政策制定不合理或者执行力度不够等方面。这就需要我们对政策制定和执行的过程进行研究，并在此基础上提出改进建议。

最后，我们可以通过比较同类事物形成问题。这其实是人类学的一个重要方法，谓之"他者眼光"。这意味着我们通过比较，发现原有的经验和新近遇到的情况不一致，从而识别出需要研究的问题。例如，在研究教育系统时，我们可能发现西方的学生比中国的学生更善于创新。这种对比可能会指引我们去研究两种教育体系的不同，以及这些不同如何影响学生的创新能力。

---

① 曹锦清. 问题意识与调查研究 [J]. 社会学评论，2014，2(5)：3.

第四节　AI 辅助下的模型实操与案例拆解

案例 3-1：利用 OBTQP 研究问题模型总结论文中的研究问题

在学术研究中，深度理解和精确概括研究问题对于研究者而言至关重要。然而，由于研究者的写作风格、期刊要求等因素的差异，学术论文在表达研究问题时呈现出"千人千面"的现象，这为研究者理解和提炼研究问题带来了困扰。长期以来，研究者只能通过阅读论文文本，依赖自身的理解来总结研究问题，这种方法的效率较低，且可能无法完全准确地传达作者的原意。幸运的是，现在我们可以利用 AI 工具和 OBTQP 研究问题模型，以高效且快速的方式总结和提炼论文中的研究问题。

下面我们以《平台化如何助力制造企业跨越转型升级的数字鸿沟？——基于宗申集团的探索性案例研究》[①]作为实操案例。该案例论文的前言内容如下。

数字技术的变革重构了产业竞争格局，时代激变催生了新的危与机，风云变幻之下我国制造业愈加急迫地寻求通过数字化转型实现从规模化竞争走向高质量发展。然而，长期的核心技术能力发展不充分阻碍了这一进程（黄群慧，2018）。据中国信息通信研究院发布的《中国数字经济发展白皮书（2020 年）》，我国工业领域数字经济渗透率仅为 21%，远低于欧美发达国家水平，制造企业正面临着数字化转型需求迫切与数字创新能力严重不足的矛盾。在此情境下，制造企业如何跨过横亘在新旧发展模式转变面前的数字鸿沟，成为学界与业界亟须思考和解决的问题。伴随新一轮工业革命，工业互联网助推制造企业从传统模式转向数字化与智能化发展模式成为必然趋势。从 2018 年至 2021 年，关于通过工业互联网助力制造业高质量发展的相关意见连续四年被写入中央政府工作报告，其中，打造工业互联网平台成为一大要点。而实务界先后涌现出的海尔集团卡奥斯平台（COSMPlat，2017）、三一集团根云平台（ROOTCLOUD，2017）、宗申集团忽米网（H-IIP，

---

① 杜勇，曹磊，谭畅. 平台化如何助力制造企业跨越转型升级的数字鸿沟？——基于宗申集团的探索性案例研究 [J]. 管理世界，2022, 38(6): 117-139.

2017）等一批典型代表，更为我国制造企业基于平台化战略开展数字化转型提供了典范。尽管平台化在推动制造企业转型升级中发挥了重要作用，但究竟是何种机制使得制造企业能够通过平台化跨越转型升级中的数字鸿沟，从而实现高质量发展？对这一问题，理论界至今尚未给出清晰的回答。

（略）

鉴于此，本文采用单案例研究方法，基于宗申集团的平台化实践，将研究问题聚焦于平台化如何助力制造企业跨越转型升级的数字鸿沟。通过对这一问题的回答，本文解构了制造企业平台化转型过程，跨层次分析了平台化助力企业跨越转型升级中数字鸿沟的内在机制，并提炼出这一过程背后的价值主张演进逻辑。本文探究了企业数字鸿沟的新特征，将数字化转型需求迫切与数字创新能力不足的矛盾情境纳入制造企业平台化的研究范畴，基于数字创新理论提出了平台化形成的"支撑—驱动"并行机制，而这一机制能够在不同阶段作用于转型障碍的突破，研究结论能够贡献于平台化过程机理研究中忽视跨层次探索数字鸿沟跨越机制的研究缺口。此外，本文最终提炼出的理论框架有助于揭示传统制造企业平台化中价值创造的主导逻辑演变过程，为价值主张的研究提供新的知识增量，对指导后发企业制定和实施平台化战略具备一定启发与参考价值。

为了更直观地呈现不同分析方法的差异，下面我们将采取人工分析、AI 开放提问、基于 AI 工具和 OBTQP 研究问题模型提问三种分析方法。

1. 人工分析

我们利用 OBTQP 研究问题框架，尝试分析案例论文中的研究问题。

第一步：主体分析。案例论文中的主体明显是制造企业，也就是说案例论文所要研究的问题是属于制造企业这个主体的。

第二步：背景分析。案例论文中第一自然段是关于主体的背景分析。基本思路是：时代要求制造企业转型，但是技术能力不足成为转型最大阻碍，跨越数字鸿沟成为转型关键环节，打造工业互联网平台是国家支持的转型战略，宗申集团等企业成为转型成功的典范。对于这个思路，可以用一句话简洁概括：平台化是推动制造企业数字化转型的有效战略。

第三步：目标分析。案例论文中的主体是制造企业，平台化是推动制造企业数字化转型的有效战略，那么制造企业想通过平台化战略做什么？企业数字化转型的目的是什么？案例论文中非常明确地指出来了：实现高质量发展。

第四步：分析问题。通过背景分析，可以推测虽然宗申集团等个别企业通过平台化战略实现了企业数字化转型，但是大部分制造企业并没有成功转型，仍然停留在规模化竞争阶段。所以，宗申集团等个别企业平台化战略背后的机制是什么？只有深刻了解这些数字化转型成功的企业的运行机制，才能推动更多制造企业实现数字化转型。所以，案例论文的研究问题可以概括为：通过平台化战略跨越转型升级中的数字鸿沟，从而实现高质量发展的运行机制是什么？

第五步：路径分析。第四步得出的问题还是太宽泛了，如何进一步明确问题？接下来如何解决这个问题？研究者要做一个交代。案例论文中，作者采用单案例研究方法，以宗申集团的平台化实践为研究案例。

总结一下，案例论文的研究问题概括如表 3-2 所示。

▶ 表 3-2　人工分析方法下案例论文的研究问题

要素	描述
主体	制造企业
背景	平台化是推动制造企业数字化转型的有效战略
目标	实现高质量发展
问题	通过平台化战略跨越转型升级中的数字鸿沟，从而实现高质量发展的运行机制是什么
路径	单案例研究方法

2. AI 开放提问

开放提问是指让 AI 工具学习资料，然后以 AI 工具为主导提炼研究问题。

指令：

根据以下资料内容，总结和提炼该文的研究问题。

（略）

AI 答：

这篇文章的研究问题主要集中在以下几个方面。

（1）制造企业如何通过平台化战略跨越转型升级中的数字鸿沟，从而实现高质量发展？

（2）在平台化推动制造企业转型升级中，什么机制使得制造企业能够实现这一转型并跨越数字鸿沟？

（3）企业数字鸿沟的新特征是什么？如何将数字化转型需求迫切与数字创新能力不足的矛盾情境纳入制造企业平台化的研究范畴中？

（4）平台化形成的"支撑—驱动"并行机制在不同阶段如何作用于转型障碍的突破？

（5）传统制造企业平台化中的价值创造主导逻辑演变过程是什么？如何利用这个理论框架指导后发企业制定和实施平台化战略？

在开放提问的方式下，AI工具根据素材提炼了五个研究问题，这五个研究问题确实也是案例论文中涉及的问题，但是属于扩展层次的问题，显得太具体、太细碎了，不利于研究者快速掌握论文的核心问题。

3. 基于AI工具和OBTQP研究问题模型提问

我们尝试在AI工具辅助下，基于OBTQP研究问题模型，提炼案例论文的研究问题。

第一步：把案例论文的前言或者全文"投喂"给AI工具。

指令：

请先学习下段材料，学习完成后回复"完成"。

学习材料：

（略）

AI答：

完成。

第二步：在AI工具学习内容的基础上，基于OBTQP研究问题模型，提炼研究问题。

指令：

请根据以上材料，使用 OBTQP 研究问题模型归纳研究问题，并输出表格。OBTQP 研究问题模型解释如下：OBTQP 研究问题模型包含主体（Owner）、背景（Background）、目标（Target）、问题（Question）、路径（Path）五个要素。主体是指该研究情境中的主要行动者，同时也是问题的归属者。在结构要素中，主体一般是研究对象或限定词，是实际社会情境中的行为发出者。背景是指主体在特定情境下的存在状态，也就是主体的现状值。目标是指研究者期待主体在特定情境下的理想存在状态，它对应的是预期值（Expectation）。问题是指主体在特定情境下的现状值和研究者的预期值之间的矛盾、冲突及其引发的困惑等，即预期值与现状值的差值（Difference）。这是研究问题最核心、最直接的表述。路径是指以研究者的视角帮助主体解决问题的过程，即给出解决问题的方案。这部分一般体现在研究设计中，指解决问题所采用的理论、方法或案例等。

AI 答：

根据 OBTQP 研究问题模型，对该研究问题的归纳如表 3-3 所示。

▶ 表 3-3　AI 工具基于 OBTQP 研究问题模型提炼的研究问题

要素	描述
主体	制造企业，特别是以宗申集团为代表的企业
背景	面临数字化转型需求迫切，但数字创新能力严重不足的现状。根据《中国数字经济发展白皮书（2020）》，我国工业领域数字经济渗透率仅为 21%，远低于欧美发达国家水平
目标	制造企业通过数字化转型实现从规模化竞争走向高质量发展，即通过平台化跨越转型升级中的数字鸿沟，实现高质量发展
问题	如何通过平台化战略跨越转型升级中的数字鸿沟，即如何将数字化转型需求和数字创新能力不足的矛盾纳入制造企业平台化的研究范畴？平台化形成的"支撑—驱动"并行机制如何在不同阶段作用于转型障碍的突破
路径	通过对宗申集团的探索性案例研究，解构制造企业平台化转型过程，跨层次分析平台化助力企业跨越转型升级中数字鸿沟的内在机制，并提炼出这一过程背后的价值主张演进逻辑。在此过程中，借鉴和应用数字创新理论

对比以上分析结果可知：在 OBTQP 研究问题模型框架下，人工分析和 AI 工具分析对于研究问题核心要素的理解基本上是一致的，但是人工分析费时费力，

效率低，AI 工具分析效率极高；AI 工具在开放式提问方式下提炼的研究问题是扩展型问题，太过细碎，不利于研究者快速深入理解和把握研究问题，这凸显了 OBTQP 研究问题模型在理解研究问题上的重要性。

案例 3-2：基于 OBTQP 研究问题模型梳理研究问题的思路

在论文构思阶段，研究者通常仅有对现象的局部观察或是一些零散的思路。此时，研究者需要在已有观察和思考的基础上，进行更深入和全面的探讨，以形成一个较为完整的研究问题框架。在这种情况下，可以考虑借助 AI 工具，运用 OBTQP 研究问题模型来梳理和优化研究问题的思路。

思考是一个不断深入的过程，目标是实现从表象问题到本质问题的跃升，但是思考的跃升谈何容易？所以，很多时候，研究问题不是凭空想出来的，而是被"逼"出来的。在和 AI 工具的交互中，我们大多担任发布指令的角色，但实际上我们可以互换角色，让 AI 工具扮演提问者，我们来担任回答者。通过这种方式，AI 工具可以通过提问来推动我们深入思考更复杂的问题。

我们还是以《平台化如何助力制造企业跨越转型升级的数字鸿沟？——基于宗申集团的探索性案例研究》一文作为案例，尝试在 AI 工具的辅助下，实现从个别观察发展成完整研究问题的过程。

指令：

请你担任我的学术教练。现在我们做关于研究问题的互动。我们构建了研究问题模型——OBTQP 模型，具体解释如下。

（略）

如果你理解，请回复"理解"。然后等待我的进一步指令。请你按照五个层次逐一问我问题，每次只问一个问题。问问题的时候尽量详细。在我回答完每一个问题之后，根据我的回答内容，进行必要的补充和拓展，以便启发我的想法。开始吧。

AI 问：

理解。好的，让我们按照 OBTQP 研究问题模型开始补充和拓展。那么首先是关于主体的问题。

主体：请问您的研究中，主要的行动者或研究对象是谁？您是如何定义或定位它们的？它们在实际的社会情境中扮演什么样的角色？

研究者答：

中国的制造企业。

AI 问：

非常好，您的研究主体是中国的制造企业。这些企业在中国乃至全球经济中都占据着重要地位。接下来我们谈谈背景。

背景：请描述一下当前中国制造企业所处的具体情境，它们现在存在的状态或面临的挑战是什么？是否有一些统计数据或实证研究能说明它们的现状？

研究者答：

中国制造企业数字化转型遇到阻碍，转型效果不佳。根据中国信息通信研究院发布的《中国数字经济发展白皮书（2020年）》，我国工业领域数字经济渗透率仅为 21%。

AI 问：

了解，中国制造企业正在尝试进行数字化转型，但遇到了一些阻碍，转型效果不如预期。那么接下来我们将讨论目标。

目标：您对中国制造企业在数字化转型上的理想存在状态或期待有哪些？如果它们能够顺利完成数字化转型，您认为它们应该达到什么样的状态？这个理想状态会带来什么样的影响或好处？

研究者答：

通过数字化转型实现从规模化竞争走向高质量发展，海尔、三一、宗申等企业是代表。

AI 问：

明白了。您期望中国制造企业通过数字化转型，实现从规模化竞争走向高质量发展，达到像海尔、三一、宗申等企业的水平。那么接下来我们讨论问题。

问题：您认为制造企业在数字化转型过程中遇到了哪些主要的矛盾、冲突或困惑？这些问题是如何影响它们从现状迈向您设定的目标状态的？其中的差值是怎样的？

研究者答：

平台化是制造企业数字化转型的路径，海尔、三一、宗申等企业是典型，但是很多制造企业并不了解其运行机制，我们的问题是平台化运行的机制是什么，如何借助平台化手段帮助更多制造企业实现数字化转型。

AI 问：

我看，您关注的问题是平台化作为制造企业数字化转型的路径，但是许多企业并不了解这种转型的运行机制。这个问题确实是值得探讨的。最后我们来谈谈路径。

路径：您计划采取什么方法或理论来研究并解决这个问题？如何通过这个研究帮助制造企业理解并实施平台化运行机制，以推动它们的数字化转型？您认为需要什么样的资源或配合来实施这一研究路径？

研究者答：

我想将海尔、三一、宗申等典型企业作为研究案例，做深入分析。

AI 总结：

非常好，通过案例研究方法深入分析海尔、三一、宗申等企业的数字化转型过程以及它们成功的关键因素，是一种有效的研究路径。在这个研究过程中，可能需要收集详细的数据和信息，包括公司的年报、新闻报道、研究报告等，并可能需要进行一些访谈，以深入理解这些企业的实践和经验。同时，也需要对相关的理论和框架有深入的理解，借助其挖掘和解析关键的观察结果。

我期待您的研究可以帮助更多的制造企业理解和实施数字化转型，推动它们从规模化竞争走向高质量发展。如果有任何其他问题或需要进一步的讨论，欢迎随时提问。

研究者问：

帮我总结一下我的思路和具体研究问题。

AI 答：

当然，您的研究计划大致可以概括如下。

主体：中国制造企业，它们在全球经济中扮演着重要的角色。

背景：中国制造企业正试图进行数字化转型，但转型过程中遇到了一些阻碍，转型效果不如预期。数据显示，中国工业领域数字经济渗透率仅为 21%。

目标：您期望中国制造企业通过数字化转型，实现从规模化竞争走向高质量发展，达到海尔、三一、宗申等企业的水平。

问题：很多制造企业并不了解平台化作为数字化转型路径的运行机制。核心问题是：平台化运行的机制是什么？如何借助平台化手段帮助更多制造企业实现数字化转型？

路径：您计划采用深入的案例研究方法，选择海尔、三一、宗申等典型企业，以理解它们的平台化运行机制，并从中找出可以推广到其他制造企业的关键策略。

研究者与 AI 工具的连续互动，并且让 AI 工具基于 OBTQP 研究问题模型扮演主要的提问者角色，研究者根据自己对研究对象的了解回答 AI 工具的问题。研究者与 AI 工具的教练式互动过程是引导研究者深入理解和全面思考研究问题的过程。AI 工具对研究问题的总结对研究者具有一定的启示，但这不是最重要的，最重要的还是 AI 工具引导研究者思考的过程。

第五节　借助 AI 工具绘制主体问题结构图

绘制主体问题结构图涉及对多篇论文内容的分析，我们将整个分析过程拆分成以下几个步骤。

第一步：确定核心主体概念。

在中国知网或其他数据库中查找相关论文，经过初步阅读后，选择合适论文的前言内容，准备下一步分析。

在演示中，我们选择的主题是"制造企业"。经初步查询，关于"制造企业"的论文数量非常多，为了分析方便，进一步聚焦于"制造企业数字化转型"。我们选取了其中的五篇论文，分别是《动态能力视角下组织惯性对制造企业数字化转型的影响研究》[①]、《大数据资源对制造企业数字化转型绩效的影响研究》[②]、《影响中小制造企业数字化转型的资源配置组态及其作用机制——基于模糊集定性比较分析》[③]、《中小制造企业如何推进数字化转型：嵌入性自主视角的案例研究》[④]、《基于边界跨越的制造企业服务数字化转型：三一重工案例研究》[⑤]。

第二步：将论文的前言内容"投喂"给 AI 工具，然后按照 OBTQP 研究问题模型进行分析。

指令：

请先学习下段材料，学习完成后回复"完成"。

学习材料：

（略）

---

① 曹勇,刘弈,东志纯,等.动态能力视角下组织惯性对制造企业数字化转型的影响研究[J].中国科技论坛,2022(10):85-94.

② 马鸿佳,王亚婧.大数据资源对制造企业数字化转型绩效的影响研究[J].科学学研究,2024,42(1):146-157,182.

③ 李立威,黄艺涵,成帆.影响中小制造企业数字化转型的资源配置组态及其作用机制——基于模糊集定性比较分析[J].科技管理研究,2023,43(6):155-161.

④ 娄淑珍,杨淳羽,王节祥,等.中小制造企业如何推进数字化转型:嵌入性自主视角的案例研究[J].科学学与科学技术管理,2023,44(6):168-182.

⑤ 周文辉,胡蓉,杨筱卿.基于边界跨越的制造企业服务数字化转型:三一重工案例研究[J/OL].科学学研究:1-17.

AI 答:

完成。

指令:

以上材料是五篇论文的前言,请根据材料使用 OBTQP 研究问题模型归纳研究问题,并输出表格,对五篇论文的差异进行比较分析。OBTQP 研究问题模型解释如下:

(略)

AI 答:

根据材料归纳的研究问题如表 3-4 所示。

▶ **表 3-4 AI 工具辅助归纳案例论文的研究问题**

论文编号	主体 (Owner)	背景 (Background)	目标 (Target)	问题 (Question)	路径 (Path)
1	制造企业	在智能制造和工业互联网的影响下,数字化转型成为制造企业的发展趋势	制造企业能够有效地实施数字化转型,并实现价值创新	制造企业在实施数字化转型的过程中,缺乏对数字化技术与价值创新关系的深入理解和研究	从数字化技术对制造企业价值创新的影响角度进行深入研究
2	制造企业	制造企业面临着数字化转型的压力和挑战	制造企业能够有效地应对数字化转型的压力,提升企业竞争力	制造企业在数字化转型的过程中,对组织惯性和组织内涵的理解不足,缺乏针对性的转型策略	从组织惯性和组织内涵的角度探索制造企业的数字化转型策略
3	制造企业	制造企业正处于数字化转型的关键阶段,面临各种挑战	制造企业通过有效的技术融合和创新实现数字化转型,并提升绩效	制造企业在数字化转型的过程中,对于如何融合和创新数字化技术,以实现绩效提升的理解和策略不足	从数字化技术融合和创新的角度探讨制造企业的数字化转型策略
4	制造企业	制造企业面临数字化转型的挑战,需要有效利用大数据资源	制造企业能够有效地利用大数据资源,提升数字化转型绩效	制造企业在数字化转型的过程中,如何利用大数据资源提升数字化转型绩效是一个挑战	利用动态能力理论和组织惯例理论,探讨大数据资源对数字化转型绩效的影响机理

续表

论文编号	主体(Owner)	背景(Background)	目标(Target)	问题(Question)	路径(Path)
5	制造企业	制造企业正在进行数字化转型,面临着组织惯性的挑战	制造企业能够克服组织惯性,实现有效的数字化转型	制造企业在数字化转型的过程中,如何克服组织惯性以及如何利用动态能力对其进行调节是一大挑战	从动态能力视角,实证分析组织惯性对制造企业数字化转型的影响

比较分析:

在主体方面,这五篇论文的研究主体均为制造企业,这表明该主题具有较强的特定领域应用价值。

在背景方面,所有论文都认识到制造企业面临着数字化转型的压力和挑战,但各论文关注的焦点不同,如第一篇关注的是价值创新,第四篇关注的是大数据资源的利用。

在目标方面,所有论文的最终目标都是帮助制造企业成功进行数字化转型,并在此过程中提升企业竞争力或绩效。

在问题方面,每篇论文都提出了在数字化转型的过程中制造企业面临的特定问题。例如,对组织惯性和组织内涵的理解不足,缺乏融合和创新策略等。

在路径方面,每篇论文都试图通过特定的研究视角或理论(如数字化技术、组织惯性、动态能力等)来解决提出的问题,但具体的研究路径和研究方法各有不同。

第三步:将以上分析结果转成可视化形式。

指令:

请以主体为中心点,形成思维导图,并输出 Markdown 代码。

AI 答:

下面是一个用于生成 Markdown 代码的思维导图:

(略)

以上思维导图根据主体,即制造企业来组织信息,每篇论文的背景、目标、问题和路径都从主体开始梳理，方便读者理解和对比各篇论文的主题、焦点和方法。

将代码导入Xmind等思维导图工具后，呈现出以制造企业为中心点的思维导图，如图3-3所示。

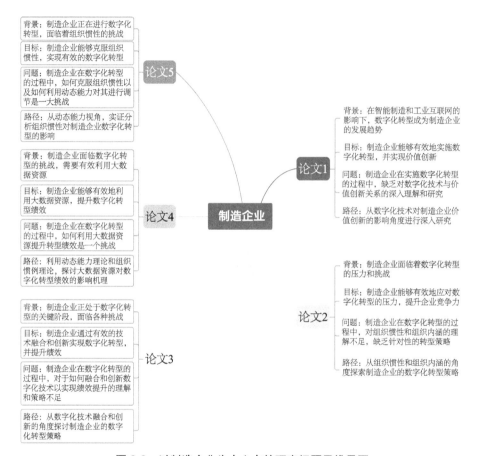

图 3-3　以制造企业为中心点的研究问题思维导图

第四步：基于以上分析，让AI工具提出关于研究主体的新背景、新目标、新问题。

指令：

请根据以上分析材料，尝试提出关于研究主体的新背景、新目标、新问题。

AI 答：

新背景：随着国家政策对制造业的强烈支持和新型数字化技术的不断发展，制造企业面临着巨大的数字化转型压力。然而，尽管已有的研究探讨了动态能力、知识惯性等因素对制造企业数字化转型的影响，但鲜有关于如何在全球化的背景下，制造企业如何应对跨文化的挑战以及如何利用全球资源进行数字化转型的研究。

新目标：制造企业在全球化背景下，能有效地应对跨文化挑战，成功地实施数字化转型，通过对全球资源的有效利用和对全球市场的深入了解，以提升其在全球市场的竞争力。

新问题：如何克服全球化带来的跨文化挑战以实现有效的数字化转型？全球资源如何影响制造企业的数字化转型过程？如何通过深入理解全球市场以提升制造企业的数字化转型效果？在全球化的背景下，制造企业的数字化转型策略应该是怎样的？

以上是我们以"制造企业"为主体，利用 AI 工具绘制研究问题结构图的过程，最终获得了关于主体的新背景、新目标和新问题的启示。然而，鉴于不同主体内涵的差异，研究者在分析过程中需要根据具体主体的实际情况进行相应的调整。

第六节 本章练习

1. 请在本学科高影响因子核心期刊中，挑选一篇自己感兴趣的论文，按照 OBTQP 研究问题模型，借助 AI 工具，梳理该论文的研究问题框架。

2. 针对自己的研究选题，按照 OBTQP 研究问题模型，让 AI 工具扮演提问者，通过逐步互动的方式，梳理出该选题的研究问题框架。

3. 选择一个比较感兴趣的主体，借助 AI 工具绘制与之相关的研究问题结构图，并要求 AI 工具据此提出关于主体的新背景、新目标、新问题，帮助拓展研究思维。

第四章
细化研究维度的思维罗盘模型

  本章深入探讨了研究维度的思维罗盘模型，以及如何通过它精确地定义和细化学术研究的方向。通过案例分析和实操练习，读者不仅可以理解研究维度，如内部、外部、理解、行动、理论和方法向度的具体应用，还可将这些维度有效地融入研究题目中，以增加研究的深度和广度。此外，本章还讨论了如何利用教练角色型互动方式来优化研究主题，以及如何通过研究维度思维罗盘指导文献综述，确保研究方向的创新性和实用性。

第一节 研究维度：论文结构和研究深度的决定要素

在研究对象结构中，研究维度是对研究单位的具体研究视角和研究问题的表述，由此确定研究对象具体的探索方向。研究单位是研究对象的核心要素，但是研究单位还只是一个大方向的"面"，研究范围非常宽泛，在大多数研究中，研究者还要找到非常具体的"点"，这个点就是关于研究单位的"研究视角"，我们称之为"研究维度"。研究维度是附属于研究单位的，属于研究单位的一个角度。理论上讲，研究单位可以对应无数个研究维度。例如，关于农民工的研究，研究者可以从生育意愿、城市融入、身份认同、权益保护等维度进行研究。

虽然，研究维度附属于研究单位，但是它的作用是不可忽视的：研究维度决定了该研究的结构和研究深度。

研究维度一般由一个学术概念或一组学术概念构成，同时也是文章结构的总概括。例如，《论农民工阶层的城市适应》一文将农民工城市适应问题分为经济层面的适应、社会层面的适应和心理层面的适应。[①] 在这项研究中，"城市适应"是研究维度，也是文章结构的总概括；经济层面的适应、社会层面的适应和心理层面的适应是文章的具体分类。《中国体育运动学校嬗变历程、现实问题与治理策略研究》[②] 一文的研究维度是由嬗变历程、现实问题、治理策略三个概念组成的，文章由前言、中国体育运动学校嬗变历程、中国体育运动学校现实问题、中国体育运动学校治理策略、结语与展望五部分构成，研究维度也是文章结构的总概括。

研究维度还决定了一项研究的深度，同时也是学术话题生命周期的一个重要的表征。前文提到，研究单位具有生命周期的特征，在不同的发展阶段，呈现不同的特征。研究维度正是研究单位不同生命周期阶段特征的标志。一般而言，生命周期可划分为导入期、成长期、成熟期、衰退期四个阶段。同样，研究维度也可以划分

[①] 朱力.论农民工阶层的城市适应[J].江海学刊，2002(6)：82-88.
[②] 柳鸣毅，但艳芳，张毅恒.中国体育运动学校嬗变历程、现实问题与治理策略研究[J].体育学研究，2020，34(3)：64-77.

为四个阶段：描述、细化、反思和转换，如表 4-1 所示。

▶ 表 4-1　研究维度的生命周期阶段

阶段	研究维度
第一阶段	描述
第二阶段	细化
第三阶段	反思
第四阶段	转换

描述阶段是指针对一个比较新的研究主题展开研究的阶段。这个主题的相关研究比较少，因此研究者与读者对其了解相对有限。在这一阶段，研究工作主要集中在提供描述性介绍上，涉及研究主题的基本概念、发展历史、结构和功能等方面，相应的研究维度也是以描述性概念为主。例如，《众筹新闻：网络时代美国新闻业的创新及启示》[①]是第一篇关于"众筹新闻"的论文。在学术研究上，"众筹新闻"是一个全新的研究单位，该论文主要对众筹新闻在美国的发展进行了描述性研究。接下来的一段时间，关于众筹新闻的研究大多数仍然处于描述阶段。

这一研究主题吸引了更多学者的兴趣，其研究逐渐变得更为精细和深入。学者们利用各种理论和方法从不同的角度进行探究和分析，这标志着该主题已经从初步的描述阶段过渡到了更加深入的细化阶段。虽然研究的对象保持不变，但研究的维度和问题更加精细，研究的粒度也更加微小。例如，《众筹新闻：变革新闻生产的权力结构》[②]一文从新闻生产权力结构的视角出发，探讨了众筹新闻对政治权力、经济权力、受众控制以及新闻生产组织内权力的变革，研究深度在加深。

经过前两个阶段的发展，研究主题受到越来越多的关注，更多研究者涌入这个领域，部分研究者继续深入挖掘这个研究主题，还有部分研究者开始对以往研究进行反思性研究，标志着这个研究主题从成长期过渡到成熟期，即反思阶段。在反思阶段，一方面，该研究主题"开枝散叶"，由某一学科扩展到更多学科或由某一领域扩展到更多领域，而且应用属性越来越强，应用性研究逐渐增多，如《从公民新

---

① 张建中.众筹新闻:网络时代美国新闻业的创新及启示[J].现代传播(中国传媒大学学报),2013,35(3):105-108.

② 曾庆香,王超慧.众筹新闻:变革新闻生产的权力结构[J].国际新闻界,2014,36(11):81-92.

闻到众筹新闻：新闻生产"专业化"和"参与式"两个维度的博弈》[1]；另一方面，少数研究者对以往研究进行了反思性或批判性的研究，如《开放式情境下新闻生产者与消费者的角色衍变——对众筹新闻的反思》[2]，这是学术话题发展进入一个新阶段的标志。总体来看，反思性或批判性的研究总量不会太大，但这是研究转向的风向标。反思阶段研究维度一方面偏向于反思和批判，另一方面偏向于应用，呈现两极分化的特性。

转换阶段意味着这个研究主题走向衰落，一个显要标志就是相关研究数量急速减少。这主要是因为研究单位发生了变化：由"热门"变成"冷门"，研究者也开始转移研究注意力，关注更具生命活力的研究主题。还是以"众筹新闻"研究为例，粗略统计了一下相关主题 CSSCI 论文数量：2013 年有 1 篇；2014 年达到顶峰，有 15 篇之多；随后开始逐年递减，到 2019 年，有微增，但也只有 3 篇；2020 年有 1 篇，再之后就没有相关研究了，如图 4-1 所示。以上数据说明"众筹新闻"研究已经处于生命周期的末期，关注人数不多，研究动力不强。

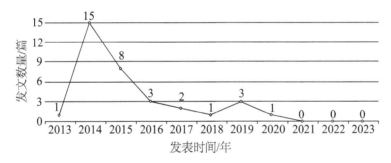

图 4-1 "众筹新闻"相关主题 CSSCI 论文数量

需要注意的是，学术研究主题生命周期各阶段并不存在一个严格的分界线，不同阶段只是大体上的划分，所有学术研究主题都遵循生命周期规律，不同的是有的主题生命周期长，有的主题生命周期非常短。

在进行学术研究时，研究者必须敏感地认识到研究主题所处的生命周期阶段，并据此指导自己的研究工作。忽视生命周期可能导致研究进程中的各种困难。例如，

---

[1] 吴果中,谢婷婷.从公民新闻到众筹新闻:新闻生产"专业化"和"参与式"两个维度的博弈[J].湖南师范大学社会科学学报,2016,45(2):147-153.
[2] 王斌,陈怡舍.开放式情境下新闻生产者与消费者的角色衍变——对众筹新闻的反思[J].新闻与写作,2017(10):36-40.

如果一个主题正处于其描述阶段，而研究者急于进入细化或反思阶段，可能会因为缺乏必要的数据和深入的理解而遇到障碍，导致研究难以进展。相似地，当一个主题已经发展到细化阶段，继续进行仅仅是描述性质的研究，可能会使得研究成果难以被学术期刊接受。

研究维度是一项研究中非常核心、必不可少的要素，每篇论文一定会针对研究单位选择对应的研究维度，但并不是每篇论文都会把研究维度显示在标题中。根据是否具备研究维度，论文标题可以分为无研究维度型标题、有研究维度型标题、特殊研究维度型标题三种类型。

无研究维度型标题是指没有维度内容的标题。例如，《论偶然防卫》[1]，该论文标题中只有研究单位，没有研究维度；《治理视角下的组织工作环境：一个分析性框架》[2]，虽然该论文标题字数较多，但从要素来看，只有研究视角、研究单位，没有研究维度。这里需要注意的是，标题中没有研究维度并不是指论文没有研究维度，只是经过作者的权衡，研究维度没有必要加入标题中。

有研究维度型标题是指明确显示维度内容的标题。研究维度可分为单一型、组合型、复合型和特殊型四种类型。单一型研究维度是指研究维度只由一个概念构成。例如，《中国城市低保制度的瞄准度分析》[3]的研究维度由"瞄准度"这一个概念构成。组合型研究维度是指研究维度由两个或两个以上概念构成。例如，《中国体育运动学校嬗变历程、现实问题与治理策略研究》[4]的研究维度由"嬗变历程""现实问题""治理策略"三个概念构成。复合型研究维度是指在研究维度外，利用其他形式进行补充说明。例如，《结构、实质与哲学：人类学礼物研究的三种路径思考》[5]的研究维度是"三种路径"，但是"三种路径"指涉内容太宽泛，作者将"三种路径"的具体内容提炼出来，放在标题中靠前的位置，既丰富了维度内容，也明确指出了论文的框架和观点。《跨越中等收入陷阱的路径：动力转换

---

[1] 张明楷. 论偶然防卫 [J]. 清华法学, 2012, 6(1):17-37.
[2] 张彦, 李汉林. 治理视角下的组织工作环境：一个分析性框架 [J]. 中国社会科学, 2020(8):87-107.
[3] 宋锦, 李实, 王德文. 中国城市低保制度的瞄准度分析 [J]. 管理世界, 2020, 36(6):37-48.
[4] 柳鸣毅, 但艳芳, 张毅恒. 中国体育运动学校嬗变历程、现实问题与治理策略研究 [J]. 体育学研究, 2020, 34(3):64-77.
[5] 张爽. 结构、实质与哲学：人类学礼物研究的三种路径思考 [J]. 湖北民族大学学报(哲学社会科学版), 2020, 38(5):93-101.

与结构调整——基于广东省发展数据的分析》①也是复合型研究维度的案例。特殊型研究维度是指其他类型标题中研究维度的形式。例如，定量研究涉及自变量、因变量及其他一些变量，因为因变量是控制要素，自变量是选择要素，所以将因变量视同研究单位，自变量视同研究维度。以《住房属性嬗变与城市居民阶层认同——基于消费分层的研究视域》②为例，在该论文标题中，"城市居民阶层认同"是研究单位，"住房属性嬗变"是研究维度。

关于研究维度，还有一个经常混淆的地方，就是研究维度和研究视角的区别。两者之间的相同点是：都是关于研究单位的一个研究视角，都是用来细化研究单位的，在某些情况下（如都是理论），两者可以相互转化。两者之间的区别主要体现在以下几点。

（1）内部和外部的区别。研究维度是研究单位本身所具备的某种特性，研究视角是借助某种工具对研究对象进行研究。如同拿相机拍摄人的侧脸，侧脸就是研究维度；相机就是研究视角，是从外部借用的工具。

（2）内涵不同。研究视角的类型包括理论、框架、比较等，理论视角最常用。维度概念要宽泛得多。在实际应用中，研究视角也可以转化为研究维度来使用。例如，对于《虚拟在场：网络粉丝社群的互动仪式链》③，在形式上，"互动仪式链"是研究维度，但实质上，"互动仪式链"是该论文的研究视角，在这种情况下，双方是可以转化的。这篇论文的标题可以修改为"虚拟在场：互动仪式链视角下网络粉丝社群研究"，因为标题中已将"虚拟在场"要素置前，所以将"互动仪式链"放到研究维度位置上，整个标题就显得更加平衡。

（3）使用方法不同。研究视角在演绎性论文中，作为论述的大前提出现；在归纳性论文中，则作为结论出现。而研究维度的使用非常灵活，没有固定位置，但一般标识了论文的结构。

（4）位置不同。大多数时候，研究视角位于研究单位之前，研究维度位于研究单位之后。

---

① 赵祥,张海峰.跨越中等收入陷阱的路径:动力转换与结构调整——基于广东省发展数据的分析[J].广东社会科学,2020(5):48-56.
② 张传勇,罗峰,黄芝兰.住房属性嬗变与城市居民阶层认同——基于消费分层的研究视域[J].社会学研究,2020,35(4):104-127.
③ 潘曙雅,张煜祺.虚拟在场:网络粉丝社群的互动仪式链[J].国际新闻界,2014,36(9):35-46.

第二节　模型拆解：研究维度的六个解释向度

研究单位理论上可以对应无数个研究维度，那么在构思研究单位对应的研究维度时，有没有规律呢？为了解决这个问题，我们尝试构建了研究维度思维罗盘模型。在研究维度思维罗盘模型中，研究单位面向的研究维度被划分为六个解释向度，分别是内部向度、外部向度、理解向度、行动向度、理论向度、方法向度，如图4-2所示。每个向度都有对应的一些关键词，我们称之为"向度密码"。下文我们进行详细介绍。

图 4-2　研究维度思维罗盘模型

一、内部向度

内部向度关注和描述研究单位内部的问题，只涉及一个研究目标，所以它的特征是一元。内部向度包括时间和空间两种类型。

1. 时间向度

时间向度主要关注研究单位过去、现在和未来等时间维度的问题。

（1）过去。

"过去"主要关注研究单位的起源、流变、历史等问题。常用的向度密码有：

××历史①、××起源、××演变、××流变等。例如：

- 民国时期"书院"概念重塑的历史考察②
- 国家城市：转型城市风险的制度性起源③
- 话语与生态：民国报刊新闻述评的文体流变分析④

（2）现在。

"现在"主要关注研究单位当下的问题，也就是"现状"问题。"现状"问题处于时间维度和空间维度的交叉线上，所以既属于时间向度，也属于空间向度。常用的向度密码有：××现状、××近况等。例如：

- 保就业背景下青年就业现状研究⑤
- 美国明清小说的研究和翻译近况⑥

（3）未来。

"未来"主要关注研究单位发展前景的问题。"未来"通常是未发生的，是研究者建构出来的。常用的向度密码有：××趋势、××预测、××愿景等。例如：

- 中央和地方政府财政关系的新趋势⑦
- 人口变动背景下北京市普及高中教育发展预测研究⑧

---

① 这里的向度密码词（历史、起源等）只是维度的一部分，是确定的部分，××代表了变动的部分，和确定的密码词共同构成一个完整维度。以下相同。
② 刘明.民国时期"书院"概念重塑的历史考察[J].北京大学教育评论,2020,18(2):141-153,191.
③ 何艳玲,赵俊源.国家城市:转型城市风险的制度性起源[J].开放时代,2020(4):178-200,10-11.
④ 刘英翠.话语与生态:民国报刊新闻述评的文体流变分析[J].国际新闻界,2020,42(7):128-143.
⑤ 侯艺.保就业背景下青年就业现状研究[J].中国青年研究,2020(9):107-112.
⑥ 李国庆.美国明清小说的研究和翻译近况[J].明清小说研究,2011(2):257-268.
⑦ 朱为群.中央和地方政府财政关系的新趋势[J].人民论坛,2020(25):70-72.
⑧ 袁玉芝,张熙,殷桂金.人口变动背景下北京市普及高中教育发展预测研究[J].教育科学研究,2019(2):22-29,50.

还有一类向度密码，虽然字面上并没有标识时间，但实质上标识着事物在某时间的重要变化，我们把使用这类密码的维度也归类为时间向度。常用的向度密码有：××转向、××转换、××变革、××转折等。例如：

- 新闻学的范式转换：从职业性到社会性[1]
- 新时代产教融合高质量发展的新旧动力转换[2]
- 从模仿到引领：中国高等教育的历史转折[3]

2. 空间向度

空间向度主要关注研究单位的结构、模式、体系、问题和实践等空间维度的问题。空间向度包括结构、模式和抑制三类维度。

（1）结构类维度。

结构类维度主要关注研究单位内部结构类的问题，是对研究单位特征的最基础描述。常用的向度密码有：××特征、××特点、××功能、××类型等。例如：

- 我国高校大规模线上教学的阶段性特征——基于对学生、教师、教务人员问卷调查的实证研究[4]
- 小镇青年消费文化特点研究——以文化产业领域为切入点[5]

（2）模式类维度。

模式类维度主要关注通过对研究单位的研究，得出的某种规律。常用的向度密码有：××模型、××逻辑、××模式、××机制、××范式、××路径、××体系、××战略、××框架等。例如：

---

[1] 杨保军,李泓江.新闻学的范式转换：从职业性到社会性[J].新闻与传播研究,2020,27(8):5-25,126.
[2] 蔡瑞林,李玉倩.新时代产教融合高质量发展的新旧动力转换[J].现代教育管理,2020(8):115-121.
[3] 范跃进,刘恩贤.从模仿到引领：中国高等教育的历史转折[J].高等教育研究,2018,39(2):1-7.
[4] 邬大光,李文.我国高校大规模线上教学的阶段性特征——基于对学生、教师、教务人员问卷调查的实证研究[J].华东师范大学学报(教育科学版),2020,38(7):1-30.
[5] 王玉玲,范永立,洪建设.小镇青年消费文化特点研究——以文化产业领域为切入点[J].中国青年研究,2019(6):73-78.

- 风险视角下银行产品创新绩效评价模型①
- 新媒体研究的 STIP 模型②
- 农业转移人口身份认同的分化逻辑③
- 组织惯例的动态演化机制研究——基于组织行动交互作用④
- 精准扶贫长效机制的法治路径研究⑤
- 教育政务数据开放共享体系的基本框架⑥

（3）抑制类维度。

抑制类维度主要关注研究单位内部蕴含的限制、矛盾、冲突等抑制性问题。常用的向度密码有：××问题、××限度、××困境、××困顿、××冲突等。例如：

- 乡村振兴背景下农村劳动者过度劳动问题研究⑦
- 国家干预家庭暴力的限度研究⑧
- 中国农村低保精准识别的内在困境——贫困可见性与瞄准偏误及其解决思路⑨

内部向度是学术研究中最常用的维度类型，适用于对单一目标在时间、空间、结构等维度上的描述。当然，除了以上列举的几种类别，在实际研究中，内部向度的应用类型只会更多，这需要研究者多注意总结归类。本书列举的向度密码只是维

---

① 徐涛,尤建新,邵一磊.风险视角下银行产品创新绩效评价模型[J].中国管理科学,2021,29(6):36-47.
② 匡文波,吕聪聪,张晗煜.新媒体研究的 STIP 模型[J].中国人民大学学报,2020,34(4):125-134.
③ 李斌,张贵生.农业转移人口身份认同的分化逻辑[J].社会学研究,2019,34(3):146-169,245.
④ 于泽川,林海芬,曲廷琛.组织惯例的动态演化机制研究——基于组织行动交互作用[J].管理评论,2020,32(8):281-294.
⑤ 王怀勇,邓若翰.精准扶贫长效机制的法治路径研究[J].重庆大学学报(社会科学版),2019,25(3):134-146.
⑥ 杨现民,王英,李怡斐,等.教育政务数据开放共享体系的基本框架[J].中国电化教育,2020(9):65-73,88.
⑦ 尹振宇.乡村振兴背景下农村劳动者过度劳动问题研究[J].兰州学刊,2020(4):176-187.
⑧ 李洪祥.国家干预家庭暴力的限度研究[J].法学论坛,2020,35(2):141-152.
⑨ 安超.中国农村低保精准识别的内在困境——贫困可见性与瞄准偏误及其解决思路[J].公共行政评论,2019,12(6):125-142,201-202.

度的标志，含义太宽泛了，并不代表维度，但是可以通过在向度密码前加限定词的方式，不断缩小维度范畴，最终形成切口比较具体的研究。例如，"新媒介环境下中国主流媒体的声誉评价体系研究"① 这个标题中包含的向度密码是"体系"，向度密码前加了限定词，组合成了"声誉评价体系"，这就是一个非常具体的维度概念。

二、外部向度

外部向度关注和分析两个或两个以上目标物的关系，因为涉及两个目标或多个目标，所以它是二元的或多元的。根据目标物间的不同关系，可以将外部向度分为四种类型。

1. 研究者提前确定研究中的核心变量，通过假设和数据分析，验证因果关系

研究中的核心变量主要是自变量和因变量，因变量是研究单位，自变量是研究维度。除了自变量和因变量，还有控制变量、中介变量等变量类型，但是在标题结构中，这些变量不是核心要素，可以暂时先不重点考虑。常用的向度密码有：影响、关系、和等。例如：

- 互联网使用如何影响中国老年人生活满意度？②
- 留守初中生同伴侵害与攻击性的关系：链式多重中介模型③
- 影子银行、监管套利和宏观审慎政策④

2. 已知目标物对另一目标物的非量化影响关系

学术研究中的目标物一部分是可以量化的，还有很大一部分是非量化或不能量化的，两个或多个目标物之间的关系同样可以是量化的，也可以是非量化的。这种类型适合描述目标物之间非量化的关系，适用范围也非常广泛。常用的向度密码有和、与、冲突、共存等。例如：

---

① 高贵武,薛翔. 新媒介环境下中国主流媒体的声誉评价体系研究[J]. 国际新闻界,2020,42(7):114-127.
② 杜鹏,汪斌. 互联网使用如何影响中国老年人生活满意度?[J]. 人口研究,2020,44(4):3-17.
③ 董及美,周晨,侯亚楠,等. 留守初中生同伴侵害与攻击性的关系：链式多重中介模型[J]. 心理发展与教育,2020,36(5):615-623.
④ 侯成琪,黄彤彤. 影子银行、监管套利和宏观审慎政策[J]. 经济研究,2020,55(7):58-75.

- 城市化与民间信仰遗产的冲突与调适——基于一个城中村"土地公"信俗的调查①
- 电视与乡村关系的重构——对宁夏Y村的传播民族志研究②
- 精准扶贫背景下国家权力与村民自治的"共栖"③

3. 确定一个目标物，但影响该目标物的因素是未知或不确定的，通过数据或材料分析，找到这些影响因素

常用的向度密码有：影响因素、影响路径、影响机制等。例如：

- 数字反哺与群体压力：老年群体微信朋友圈使用行为影响因素研究④
- 苏南地区农村居民旅游消费行为的影响路径研究⑤
- 数字经济对农民工就业质量的影响机制分析⑥

4. 两个或多个目标物之间的比较研究

这种模式考察的侧重点不是相互之间的影响关系，而是通过对比不同目标物之间的异同，来总结一类事物的特点和规律。常用的向度密码有：比较、对比等。例如：

- 中国大学综合实力排行榜排名方法的比较分析——基于高等教育机构排名柏林原则的视角⑦

---

① 何月华. 城市化与民间信仰遗产的冲突与调适——基于一个城中村"土地公"信俗的调查[J]. 广西民族研究, 2020(3): 46-53.
② 顾广欣. 电视与乡村关系的重构——对宁夏Y村的传播民族志研究[J]. 当代传播, 2018(6): 62-65.
③ 章文光, 刘丽莉. 精准扶贫背景下国家权力与村民自治的"共栖"[J]. 政治学研究, 2020(3): 102-112, 128.
④ 李彪. 数字反哺与群体压力：老年群体微信朋友圈使用行为影响因素研究[J]. 国际新闻界, 2020, 42(3): 32-48.
⑤ 余凤龙, 黄震方, 侯兵. 苏南地区农村居民旅游消费行为的影响路径研究[J]. 旅游学刊, 2018, 33(8): 68-82.
⑥ 潘海岚, 黄秋妍. 数字经济对农民工就业质量的影响机制分析[J]. 调研世界, 2024(2): 42-51.
⑦ 田虎伟, 王艳丽, 王雪燕. 中国大学综合实力排行榜排名方法的比较分析——基于高等教育机构排名柏林原则的视角[J]. 复旦教育论坛, 2019, 17(6): 84-90.

- 人口老龄化背景下经济增长的国际比较[1]
- 英语口语机器评分和人工评分的对比研究[2]

以上，我们总结了四种外部向度类型，在实际应用中，外部向度的应用形式也多种多样，总的原则是，涉及两个或多个目标物的研究都可以归类为外部向度。同时也要注意，外部向度下研究单位和研究维度的形式、关系都和其他类型有所区别，研究者既要注意区别，同时又要能够清晰分析外部向度的结构。

三、理解向度

理解向度是指研究者对研究单位有不同或更深入的理解或阐释，打破已有理解结构，用研究维度来标识这种理解和阐释的特征。理解向度既可以是一元的，也可以涉及两个或多个目标物，核心标准是对研究对象的进一步阐释，而不是其他类型的指向。理解向度大概有三种类型：破、立、发现。

1. "破"是指对研究单位既有理解和解释的解构、批判等，打破已有理解结构

在这种类型中，解构和批判是核心内容。当然，这种文章也不可避免地涉及"立"的部分，但是"立"是为"破"服务的，"破"是核心，这可以从研究维度的表达上进行分辨。常用的向度密码有：解构、批判、反思等。例如：

- 对置盐定理的批判性解构[3]
- 自治商法理论的批判研究[4]
- 中国档案学的历史哲学反思——以时空观和互动观为视角[5]

---

[1] 李建民,王晶晶.人口老龄化背景下经济增长的国际比较[J].南开学报(哲学社会科学版),2020(4):65,76.
[2] 孙海洋,张敏.英语口语机器评分和人工评分的对比研究[J].外语研究,2020,37(4):57-62,105,112.
[3] 张衔,薛宇峰.对置盐定理的批判性解构[J].中国社会科学,2020(6):94-119,206.
[4] 宋阳,张源.自治商法理论的批判研究[J].湖北大学学报(哲学社会科学版),2018,45(4):131-137.
[5] 闫静.中国档案学的历史哲学反思——以时空观和互动观为视角[J].求索,2020(5):44-51.

2. "立"是指对研究单位既有理解和解释的重构、深入等，延伸已有理解结构

在这种类型中，重构和深入是核心内容，内容中所涉及的对既有理解的解构是为"立"服务的，研究维度比较明显地标识了这种取向。常用的向度密码有：××重构、××重塑、××审视、新理解、新解释、再认识、再发现等。例如：

- 我国造血型救助方式的法治化重构①
- 对社会主义核心价值的新理解②
- 延安秧歌剧体裁特征的再认识——兼论延安秧歌剧在百年中国歌剧中的历史地位③
- 乡村文化的再发现④

3. "发现"是指在对研究单位既有理解的基础上，发现研究单位的新价值、新内涵等，是对研究单位既有理解的延伸和意义的挖掘

与"破"和"立"相比，"发现"的顺延性更强，阐释力度要小一些。常用的向度密码有：××意涵、××想象、××启示、××价值、××意义等。例如：

- 思想、风俗与制度：陈寅恪史学研究的社会学意涵⑤
- 马克思的生态美学思想及其当代价值⑥
- 云南传统乡规民约及其现实意义⑦

以上，我们总结了三种理解向度。理解向度注重对研究单位意义的挖掘和阐释，多使用思辨类方法。在实际研究中，理解向度的论文数量比较多，类型多样，甚至

---

① 詹国旗.我国造血型救助方式的法治化重构[J].学术研究，2020(8)：75-78.
② 高放.对社会主义核心价值的新理解[J].天府新论，2010(1)：160-161.
③ 王冬霓.延安秧歌剧体裁特征的再认识——兼论延安秧歌剧在百年中国歌剧中的历史地位[J].音乐研究，2022(2)：107-115.
④ 陆益龙.乡村文化的再发现[J].中国人民大学学报，2020，34(4)：91-99.
⑤ 孟庆延.思想、风俗与制度：陈寅恪史学研究的社会学意涵[J].社会，2020，40(5)：34-62.
⑥ 李栋桦.马克思的生态美学思想及其当代价值[J].自然辩证法研究，2020，36(9)：8-12.
⑦ 杨庆，杨寿川.云南传统乡规民约及其现实意义[J].民族艺术研究，2020，33(4)：144-149.

很多初学者一开始就尝试进行理解向度类写作。实际上，这种类型的论文特别依赖于作者对研究单位的理解深度，需要较长时间的文献积累和深度思考。

四、行动向度

行动向度是指针对研究单位采取一定的举措或行动。行动向度密码都是动作类动词。根据研究单位的状态，行动向度可分为优化型和治理型两种类型。

1. 优化型行动向度

优化型行动向度是指在既有位置保障或向前推动研究单位的发展，目标是优化研究单位，推动研究单位进入更理想的发展状态。常用的向度密码有：×× 优化、×× 保障、×× 调适、×× 促进、×× 提升、×× 选择等。例如：

- 疫情之下支持和保障企业的政策优化研究——基于有关典型政策分析[1]
- 农民工返乡创业环境的结构优化[2]
- 新形势下少数民族语言教育的法律保障研究[3]
- 基于政策视角下的青少年体质健康促进研究[4]

2. 治理型行动向度

治理型行动向度是指针对研究单位存在的问题进行相应的管理或治理，防止研究单位存在的问题恶化，推动研究单位进入正常或理想的发展状态。常用的向度密码有：×× 规制、×× 管控、×× 控制、×× 治理等。例如：

- 智能寄递服务的私法规制[5]
- 新媒体环境下突发公共卫生事件的谣言管控研究[6]

---

[1] 陈强,敦帅.疫情之下支持和保障企业的政策优化研究——基于有关典型政策分析[J].中国特色社会主义研究,2020(2):46-52.
[2] 罗竖元.农民工返乡创业环境的结构优化[J].华南农业大学学报(社会科学版),2020,19(5):47-55.
[3] 孟庆武.新形势下少数民族语言教育的法律保障研究[J].贵州民族研究,2019,40(6):17-20.
[4] 秦婕.基于政策视角下的青少年体质健康促进研究[J].西安体育学院学报,2015,32(1):71-74.
[5] 郑佳宁,邬小丽.智能寄递服务的私法规制[J].大连理工大学学报(社会科学版),2020,41(6):75-83.
[6] 黄海阳,吴尤可.新媒体环境下突发公共卫生事件的谣言管控研究[J].情报科学,2020,38(8):95-102,111.

- 网络治理视域下大众直播文化传播的媒介治理①

采用行动向度作为研究维度，研究者都会给出针对研究单位的优化或治理建议，所以采用行动向度的论文本质上属于对策建议类论文。这种类型论文的结构基本按照"现状—问题—对策"三个层次铺陈。除了以上列出的标志性向度密码，实际研究中还会灵活使用更多词语，研究者在阅读文献的时候要注意区分和积累。

五、理论向度

理论向度是指将某个理论或概念作为观察研究单位的视角。理论向度根据所选取理论范围的大小，可划分为学科型、学派型、理论型、概念型四种类型。

1. 学科型理论向度

学科型理论向度是指以某学科作为研究维度。一个学科是系列知识的综合体，本身也是观察和理解事物的一种视角。在实际研究中，一些研究者会把学科作为观察研究单位的视角，承担研究维度的功能。在使用时要注意，因为学科型理论范畴非常大，一定要和整体的研究思路相匹配。在选择使用学科型理论向度时，一般选取跨学科资源，如经济学论文采用社会学作为研究维度，这样才能提供差异化视角和独特价值。常用的向度密码有：社会学研究/分析、经济学研究/分析、教育学研究/分析、管理学研究/分析等。例如：

- 新时代高质量发展的社会学研究②
- "互联网+"市场的经济学分析③
- 我国制造业产能过剩的管理学分析④

---

① 彭程. 网络治理视域下大众直播文化传播的媒介治理[J]. 社会科学战线, 2020(10):255-259.
② 宋国恺. 新时代高质量发展的社会学研究[J]. 中国特色社会主义研究, 2018(5):60-68.
③ 洪银兴. "互联网+"市场的经济学分析[J]. 教学与研究, 2020(3):5-12.
④ 白刚, 佘元冠. 我国制造业产能过剩的管理学分析[J]. 科学管理研究, 2018, 36(2):47-50.

2. 学派型理论向度

学派型理论向度是指以某学科中的某个学派作为研究维度。可以跨学科，也可以使用本学科资源，如经济学采用组织社会学作为研究维度。从范畴上讲，学派要小于学科，大于具体理论。在论文结构上，学派和学科一样，主要提供宏观指导，一般不提供具体框架。常用的向度密码有：历史政治学、历史社会学、政治经济学、教育哲学等。例如：

- 中国共产党领导制度的历史政治学分析[1]
- "无名者"的出场：短视频媒介的历史社会学考察[2]
- 人工智能的教育哲学思考[3]

3. 理论型理论向度

理论型理论向度是指以一个比较成熟的、具有体系的理论作为研究维度。这种情况下，研究维度和研究视角在位置上是可以互换的，二者在论文结构中起到的作用基本是一样的。在具体行文时，正文中一般会对选择的理论进行较为详细的阐述，并提供理论框架，成为整篇论文结构的指导性框架。常用的向度密码有：文化适应、自我认知、内卷化、嵌入、场域等。例如：

- 女性高层次职业发展的自我认知分析[4]
- 新生代农民工的再嵌入：结构路径与内在逻辑[5]
- 现代爱国主义的情感场域——基于"记忆之场"的研究[6]

---

[1] 汪仕凯. 中国共产党领导制度的历史政治学分析 [J]. 中国人民大学学报, 2020, 34(1):28-38.
[2] 潘祥辉. "无名者"的出场：短视频媒介的历史社会学考察 [J]. 国际新闻界, 2020, 42(6):40-54.
[3] 张刚要, 梁青青. 人工智能的教育哲学思考 [J]. 中国电化教育, 2020(6):1-6, 64.
[4] 张琪, 张栋. 女性高层次职业发展的自我认知分析 [J]. 广西社会科学, 2013(10):130-133.
[5] 黄斌欢. 新生代农民工的再嵌入:结构路径与内在逻辑 [J]. 中国农业大学学报(社会科学版), 2020, 37(2):44-54.
[6] 于京东. 现代爱国主义的情感场域——基于"记忆之场"的研究 [J]. 社会科学战线, 2020(5):131-139.

4. 概念型理论向度

概念型理论向度是指根据研究单位的特点，以一个比较适配的学术概念作为切入点。这里所指的学术概念在范畴上比理论要小，还没有形成一个完整的理论体系。实际上，一个好的理论也是一个学术概念，在具体运用时，可以以论文正文中是否出现理论框架来区分，提供比较完整的理论框架的视为理论，反之则视为概念。常用的向度密码有：资产化、现代化、瞄准度、合法性、有效性、可见性、合理性、现代性、自反性等。例如：

- 学校安全治理现代化：基本原则与未来取向[①]
- 微观视角下青年生活分裂的现代性研究[②]
- 在消解中反思：斜杠青年的自反性研究[③]

理论向度是常见的一种向度，但和其他向度有所不同。前述四种向度具有"聚类性"特点，即一个向度密码可以代表一系列具体维度，如××优化，表示一系列具体维度的集合。但理论向度的独立性非常强，维度间几乎不具备替代性，所以需要不断积累具体的理论资源，才能在匹配研究维度时有更多的选择。

六、方法向度

方法向度是指将对研究单位的研究方法作为研究维度。在标准的论文标题结构中，一般会把方法放在副标题位置，但在具体拟定论文标题时，有些研究者为了追求简洁，会把方法放在研究维度的位置。笔者将社会科学研究方法体系分为研究方法哲学、研究方法范式、研究方法方式、研究方法技术和工具四种类型，其中研究方法技术和工具是非常具体的研究内容，一般不体现在研究维度上，所以按照方法的层次，方法向度可分为取向型、范式型、方式型三种类型。

---

① 申素平,周航.学校安全治理现代化:基本原则与未来取向[J].教育研究,2020,41(8):121-132.
② 孔婧,王智.微观视角下青年生活分裂的现代性研究[J].当代青年研究,2020(5):114-120.
③ 牛天.在消解中反思:斜杠青年的自反性研究[J].当代青年研究,2020(5):101-106.

1. 取向型方法向度

取向型方法向度是指只交代研究取向，不交代具体的研究方法范式和研究方法。研究取向是指研究类型的归属，如实证研究、思辨研究、哲学研究等，实质上指向了该研究背后的哲学观。基于不同哲学观的研究者可以选择不同的研究类型和研究路径。常用的向度密码有：实证研究、思辨研究、哲学研究、历史研究、类型学研究等。例如：

- 刑事二审案件开庭审理的实证研究——基于受贿案件的刑事二审审理方式研究①
- 权力转移了吗？——互联网时代消费者增权的思辨研究②
- 教师专业化的哲学研究③
- 变迁与延续：中国家庭代际关系的类型学研究④

2. 范式型方法向度

范式型方法向度是指交代研究方法范式。研究方法范式没有一个统一的分类标准，根据最常见的理解，划分为思辨研究、量化研究、质性研究、混合研究四个类别。其中，思辨研究既是一系列研究范式的集合，也是一个具体的范式，所以在取向型和范式型方法向度中都有所体现。常用的向度密码有：思辨研究、量化研究、质性研究、混合研究。例如：

- 行政伦理制度建设水平评价标准与方法的量化研究⑤
- 谁往课程里面掺了"水"——高校"水课"形成影响因素的质性研究⑥
- STEM 学习成效的混合研究——以浙江省 H 市为例⑦

---

① 詹小平. 刑事二审案件开庭审理的实证研究——基于受贿案件的刑事二审审理方式研究 [J]. 四川师范大学学报 (社会科学版)，2020，47(5)：46-56.
② 梁静. 权力转移了吗？——互联网时代消费者增权的思辨研究 [J]. 外国经济与管理，2020，42(3)：57-73.
③ 杨素萍. 教师专业化的哲学研究 [J]. 上海教育科研，2010(9)：10-12.
④ 曾旭晖，李奕丰. 变迁与延续：中国家庭代际关系的类型学研究 [J]. 社会，2020，40(5)：190-212.
⑤ 萧鸣政，郝路. 行政伦理制度建设水平评价标准与方法的量化研究 [J]. 行政论坛，2020，27(4)：46-52.
⑥ 汪雅霜，郝龙飞，钱蕾. 谁往课程里面掺了"水"——高校"水课"形成影响因素的质性研究 [J]. 重庆高教研究，2019，7(4)：64-74.
⑦ 刘徽，郑宇徽，张朋，等 .STEM 学习成效的混合研究——以浙江省 H 市为例 [J]. 教育发展研究，2020，40(10)：50-59.

3. 方式型方法向度

方式型方法向度是指交代某研究范式下具体的研究方式，将其作为研究维度。方式型方法向度是最常使用的方法向度类型，比前两种类型更加具体，在研究对象结构中，放在研究维度位置上能够更好地标明该研究的具体路径。常用的向度密码有：实验研究、内容分析研究、访谈研究、民族志研究、扎根理论研究、案例研究、生命史研究、可视化分析等。例如：

- 人工智能机器写作受众态度实验研究[1]
- 移动学习硕博学位论文的内容分析研究[2]
- 角色丛与我本体：青少年语c行为的虚拟民族志研究[3]
- "突破"抑或"照搬"：数字时代教师教学发展的案例研究[4]

从某种意义上看，方法向度都是"假维度"，这里的"假"是指未承担研究维度的作用，牺牲维度表述，替换成方法表述。研究者在运用这种表述形式时要满足以下两点：一个是研究方法确实是该研究的亮点，值得前置到研究对象结构中的研究维度位置上；另一个是该研究维度没有特别的意义，被研究方法替代后并不影响读者对整篇文章的理解。方法向度需要研究者有比较深厚的研究功力和较强的标题修辞能力。

除了以上六种解释向度，在实际应用中，还存在着组合型维度和复合型维度两种类型。

1. 组合型维度

以上所列举的案例使用的都是单一维度，在实际研究中，一篇论文中经常使用2~3个向度密码来说明研究的角度，我们将这种类型称为组合型维度。例如：

---

[1] 刘茜.人工智能机器写作受众态度实验研究[J].西南民族大学学报(人文社科版),2020,41(3):157-162.
[2] 范郭昌骅,李建珍,欧秀芳,等.移动学习硕博学位论文的内容分析研究[J].现代教育技术,2009,19(8):67-70.
[3] 徐鹤.角色丛与我本体:青少年语c行为的虚拟民族志研究[J].当代青年研究,2020(4):44-50.
[4] 李阳杰,宋萑."突破"抑或"照搬":数字时代教师教学发展的案例研究[J].教育学术月刊,2023(12):67-74,82.

- 农业大数据反垄断的挑战与法律规制①
- 中国数字经济与体育产业融合的动力、机制与模式②

第一个案例标题中使用了两个向度密码：挑战、法律规制，第二个案例标题中使用了三个向度密码：动力、机制、模式。这两个案例都采用了组合型维度。

在组合型维度中，注意区分向度密码"类"和"个"。

例如，《课程思政：内涵、特点与路径》③中包含三个向度密码，但这三个向度密码属于同一个类型，都属于内部向度。而《新媒体信息传播的问题与法律规制》④虽然只包含两个向度密码，但它们属于两种向度类型，其中"问题"属于内部向度，"法律规制"属于行动向度。

在以上六种向度类型中，理论向度和方法向度一般不参与组合，内部、外部、理解和行动向度可以内部组合或交叉组合。

2. 复合型维度

复合型维度是指在论文标题中对维度概念进一步细化和解释，如前面列举的《结构、实质与哲学：人类学礼物研究的三种路径思考》。

第三节　模型应用：研究维度的多重影响因素

在论文结构中，研究维度扮演着关键的角色。然而，它并非孤立存在，而是受多个要素的共同作用和影响。

首先，研究维度作为研究单位的一个切入视角，其选取范围要根据研究单位的

---

① 王珏.农业大数据反垄断的挑战与法律规制[J].河南师范大学学报(哲学社会科学版)，2020，47(5)：56-64.
② 任波,黄海燕.中国数字经济与体育产业融合的动力、机制与模式[J].体育学研究，2020，34(5):55-66.
③ 刘建军.课程思政:内涵、特点与路径[J].教育研究，2020，41(9):28-33.
④ 王瑞华.新媒体信息传播的问题与法律规制[J].传媒，2018(8):95-96.

性质来确定。从生命周期的角度来看，如果研究单位是一个新事物，人们对其了解有限，这一时期的研究是开拓性的，研究侧重点在于介绍新事物的特点、结构以及发展过程，在这个阶段，其匹配的研究维度大概率是内部向度的。

其次，研究维度是研究问题的表征，是研究问题在论文结构中最重要的体现。上文我们讲过了研究问题的 OBTQP 模型，这个模型聚焦于研究问题的发生逻辑，但对于研究问题的表达没有过多涉及。

论文中研究问题的表达主要有三种形式，也体现在三个不同的位置。第一种形式就是使用疑问句型，直接表述研究问题，位置通常在论文的前言或文献综述中，问题类型属于扩展型问题。第二种形式是作者通过背景和目标对比呈现出两者的差异性，这也是整项研究中的主轴型问题，通常采用转折性语句，一般位于论文的前言部分。第三种形式就是研究问题体现在论文标题中，研究维度既是研究单位的一个切入视角，同时也是研究问题的浓缩表达，因为研究视角本身其实就是依据研究问题来确定的。

为了更好地理解这三种形式，我们以《结构二重性理论视角下旅游目的地的信任建构——基于凤凰古城的案例》[①] 为例做个一拆解分析。

第一步，在案例论文的前言中找到扩展型研究问题的表述，具体内容如下。

> 基于此，旅游者对民族旅游地社会信任体系的建构过程及其动因亟待探寻。我们需要解答旅游流动中游客对东道主社会的信任何以生成？在多主体的互动并构建信任过程中隐含着何种动因？又发生着怎样的演变？

从这段表述中可以看出，"旅游者对民族旅游地社会信任体系的建构过程及其动因"是案例论文研究的主要问题。虽然这句话没有直接使用疑问句型，但是已经完整表达了研究问题的内容，这句话后边的几个疑问句是对主要问题的细化表达。

第二步，在案例论文的前言中找到主轴型问题的表述，具体内容如下。

---

① 孙九霞,庞兆玲. 结构二重性理论视角下旅游目的地的信任建构——基于凤凰古城的案例 [J]. 中南民族大学学报 (人文社会科学版), 2020, 40(3):78-85.

然而，频频曝光的旅游地失信丑闻则说明旅游流动建构起的信任关系尚不够稳固。因此，流动性社会中的信任关系何以建构成为当下信任研究的要点。

这段是全文非常关键的一段，它要表达的意思其实和第一步中研究问题所要表达的意思是一致的，区别点体现在：通过背景和目标对比呈现出两者的差异性，而这个差异性是全文逻辑的立足点，所以它是研究问题的元问题。

第三步，再来看案例论文标题的要素结构。

在此论文标题中，"结构二重性"是理论视角，"基于凤凰古城的案例"是研究方法和研究样本，"旅游目的地的信任建构"是研究对象。在研究对象结构中，"旅游目的地"是研究单位，"信任建构"是研究维度，"的"是结构标志。其中，研究对象是作者研究问题的简化表达。如果转化成疑问句，作者在前言中的研究问题可以表述为：旅游者对民族旅游地社会信任体系的建构过程及其动因是什么？而论文标题可以转化为：旅游目的地的信任体系是如何被建构的？两者对比可知，论文标题表达的范畴要大于具体的研究问题，虽然其表达形式更简洁，但表意性更强，这也符合论文标题在整篇论文中的角色功能。其中，信任建构既是研究维度，也是研究问题在研究对象结构中的体现。

第四步，研究维度和文献综述关系紧密。

如前所述，研究维度是研究问题的表征。研究问题不是固化的，而是一个不断思考和修正的过程。文献综述是在初始研究问题的指导下，研究者通过对相关文献的分类整理与分析，指出已有文献研究的不足之处，从而建构研究立足点。研究者还需通过文献综述进一步明确研究问题，并根据研究综述的反馈对研究问题进行调整，同时也对研究维度进行相应调整。

学术志在2021年发起并举办了"第一届文献综述GAP模型创新大赛"，很多学员通过学习和比赛切磋，加深了对研究问题的理解，并对文献综述进行了数次迭代，最终这些调整体现在标题上，其中调整最大的就是研究维度。例如，其中一个小组的初始论文标题是"需求层次理论视角下老年人长期护理险的网络介入模式研究"，通过文献综述梳理，最后论文标题定为"系统理论视角下老年人长期护理保险的协同治理机制研究"。通过研究维度的调整，学员不仅发现了研究选题的创新之处，而且明确了研究问题，使得研究维度、研究单位和研究视角更加统一。另一小组的初始论文标题是"西南民族地区村规民约再生与乡村治理秩序重构",通过文献综述梳理,最后论文标题定为"从民约到村规:新时代民族地区乡村秩序的再生产"。调整后的论文标题不仅在表达形式上更加规范简洁,而且通过研究维度的调整,更加明确了研究问题。

第四节 AI 辅助下的模型实操与案例拆解

案例 4-1:"研究生创业"主题研究维度分析

在实际研究中,研究者可以通过三步来选择研究维度。

第一步:把研究单位放入研究维度思维罗盘模型中,分析现有文献中研究维度的分布规律。

第二步:根据研究维度分布规律,判断研究选题发展的趋向,确定研究维度向度类型,并通过文献的阅读与筛选来选择合适的维度概念。

第三步:对确定的研究维度进行评估。

下面以"研究生创业"主题文献作为案例,借助 AI 工具,利用研究维度思维罗盘模型进行拆解和分析。具体的拆解和分析过程如下。

第一步:将"研究生创业"作为关键词,在中国知网的数据库中检索相关 CSSCI 期刊论文,检索范围选择"篇名",一共检索到 26 篇文献。借助 AI 工具对这些论文研究维度进行统计分析,结果如表 4-2 所示。

指令:

请将以下论文标题按照研究维度类型和解释向度类型进行分类,输出表格。表格的第一列为标题,第二列为研究维度类型,第三列为解释向度类型。关键概念解释如下:

(略)

AI 工具根据指令对案例论文进行了分析,经过人工校验和整理后,得到表 4-2

所示的内容。

▶ 表 4-2 "研究生创业"主题文献的研究维度分析

序号	标题	研究维度类型	解释向度类型	发表时间/年
1	研究生创业能力的影响因素及提升策略——基于湖南省 11 所高校的实证分析	组合型维度	外部、行动	2021
2	研究生创业能力对创业绩效的影响研究	单一维度	外部	2020
3	地方高校研究生创业意向影响因素研究——基于个人特质的视角	单一维度	外部	2019
4	教育国际化背景下研究生创业能力培养	单一维度	行动	2019
5	英国高校研究生创业能力培养机制及其启示——以剑桥大学为例	组合型维度	内部、理解	2018
6	基于接力创新的研究生创业调查研究	单一维度	方法	2018
7	双创视角下优化研究生创业教育的路径研究——基于上海交通大学创业教育的实践	单一维度	内部	2018
8	女研究生创业影响因素及教育对策	组合型维度	外部、行动	2017
9	"双创时代"研究生创业伦理培育的意义与研究进路	组合型维度	理解、内部	2017
10	创业教育对专业学位研究生创业意愿影响研究	单一维度	外部	2017
11	研究生创业教育主体性缺失及重构	组合型维度	内部、理解	2016
12	研究生创业教育：态势研判、价值意蕴和长效机制	组合型维度	内部、理解	2016
13	中国高校研究生创业教育模式及战略转型研究	组合型维度	内部、行动	2014
14	学术资本主义视域下的美国研究生创业及其启示	组合型维度	内部、理解	2014
15	研究生创业教育的现状与对策	组合型维度	内部、理解	2014
16	学术创业对我国工科研究生创业教育的影响及启示	组合型维度	外部、理解	2013
17	女研究生创业动机的影响因素研究——基于福建农林大学女研究生的调查	单一维度	外部	2013
18	提升研究生创业核心竞争力研究——基于 H 大学研究生创业典型案例的分析	无		2012
19	基于感知创业价值的研究生创业教育实证研究	单一维度	方法	2012

续表

序号	标题	研究维度类型	解释向度类型	发表时间/年
20	完善研究生创业教育体系的调查与分析——以中南财经政法大学为例	单一维度	方法	2012
21	研究生创业倾向与创业需求分析——基于浙江大学的调查	无		2012
22	研究生创业状况调查及创业型人才培养模式探析	单一维度	内部	2011
23	我国研究生创业教育的特点、问题与对策	组合型维度	内部、行动	2008
24	开展理工科研究生创业教育的思考	无		2007
25	研究生创业计划大赛的构思与实施——以北京工业大学为例	组合型维度	理解、行动	2006
26	关于研究生创业教育的理性思考与实施构想	组合型维度	理解、行动	2001

通过这个统计表，我们可以对"研究生创业"关键词文献特征做初步分析。

从文献的研究维度类型来看，单一维度有10篇，占比约为38.5%；组合型维度有13篇，占比为50%；无维度有3篇，占比约为11.5%。从研究维度类型和时间交叉分析来看，无维度的3篇文献的发表时间都较早，中间段文献的研究维度类型以组合型维度为主，近期文献的研究维度类型以单一维度为主。

从解释向度类型来看，26篇文献中一共使用了39个向度密码，其中内部向度维度有10个，占比约为25.6%；理解向度维度有9个，占比约为23%；外部和行动向度维度都为7个，占比均约为17.9%；方法向度维度有3个，占比约为7.6%；无维度为3个，占比约为7.6%。从向度类型与时间交叉分析来看，7个外部向度维度中有5个出现在最近的10篇文献中；方法向度维度出现在较早的文献中，且使用的都是问卷调查法；中间段的文献以内部和理解向度维度为主。

从以上简略的统计分析可知，以"研究生创业"为关键词的文献中使用了5种类型的向度，只有理论向度没有涉及；研究方法只涉及了问卷调查法，其他方法都未涉及；主题研究由浅层次思考逐步进入深层次分析，尤其是最新文献多使用单一维度、外部向度维度，对研究单位的属性进行更深层挖掘。

如果我们选择"研究生创业"作为研究单位，那么通过以上分析，就可以大体描摹出它的演化曲线，并指导研究维度的选择和确定。如果在后续研究中，倾向选择单一维度类型,可以思考选择不一样的外部向度维度,也可以采用差异化方法向度维度,如采用质性研究类方法等。当然,也可以从理论向度维度多做思考。

第二步:确定研究维度概念。

经过第一步的分析,我们大概确定了方向,可以进入第二步了。在第二步中,需要确定较为具体的研究维度概念,这时你需要参考一些文献或者参考一些工具书。在选择参考文献时,可以选择研究单位的临近概念、母概念、子概念等相关概念的文献,总体原则是选择研究文献较为丰富、研究阶段较为成熟的概念,如"研究生创业"就可以参考临近概念"大学生创业"的文献。另外,还可以参考一些工具书。例如,如果你想选择一个差异化方法向度的研究维度,就可以参考一些方法类工具书,如陈向明教授撰写的《质的研究与社会科学研究》;如果你想选择一个理论向度的研究维度,就可以选择一些理论类工具书或者关键词类工具书,如《文化研究关键词》等。

当然,也可以借助 AI 工具获取参考维度。我们将在第二个案例中展示获取思路。

第三步:对研究单位与研究维度的匹配性进行评估。

研究单位与研究维度的匹配有一个潜在的规律:两者之间尽量有差异性,就像音乐和诗歌一样,两者之间产生音韵之美。具体来说,如果研究单位是一个比较特殊的概念,那么搭配一个普通的研究维度概念即可,向度维度可以选择内部向度或理解向度;反之,如果研究单位是一个比较普通的概念,那么就可以搭配一个特殊性较强的研究维度概念。除了差异性外,研究者还需要仔细评判研究单位和研究维度词义是否适配,如"经济发展内卷化""教育发展内卷化""6G 发展内卷化"三组搭配,前两组尚可接受,但第三组显然不合适,因为 6G 是新技术、新事物,正处于蓬勃发展期,还没有到内卷的阶段。

案例 4-2:借助 AI 工具根据研究单位获得研究维度线索

研究维度思维罗盘模型不但能指导分析文献,还能指导根据研究单位的特征来获得研究维度线索,开拓研究者的思路。

指令:

我是一名二年级在读博士生,我的专业是教育学,我的研究方向是创业教育。

我目前准备撰写一篇学术论文，请你担任我的博士生导师，对我的写作进行指导。我确定的研究单位是"研究生创业"，请根据这个研究单位，运用研究维度思维罗盘模型为我推荐合适的研究维度。研究维度思维罗盘模型的规则见【】中的内容。

【研究维度思维罗盘模型的规则如下。研究维度一般置于研究单位之后，是对研究对象的具体研究视角和研究问题的表述。例如，在"公共政策视角下的新生代农民工城市融入问题探究"这个标题中，"新生代农民工"是研究单位，"城市融入"就是研究维度。研究维度有如下六种向度类型。

1. 内部向度。关注和描述研究单位内部的问题，包括时间和空间两种类型。例如，"国家城市：转型城市风险的制度性起源"这个标题中的"制度性起源"就是内部向度类型。

2. 外部向度。关注和分析两个或两个以上目标物的关系。例如，"互联网使用如何影响中国老年人生活满意度？"这个标题中的"互联网使用"就是"老年人生活满意度"的外部向度类型。

3. 理解向度。对研究单位有不同或更深入的理解或阐释，打破已有理解结构。例如，"中国档案学的历史哲学反思"这个标题中的"历史哲学反思"就是理解向度类型。

4. 行动向度。针对研究单位采取一定的举措或行动。例如，"疫情之下支持和保障企业的政策优化研究"这个标题中的"政策优化"就是行动向度类型。

5. 理论向度。以一个比较成熟的、具有体系的理论作为维度。例如，"微观视角下青年生活分裂的现代性研究"这个标题中的"现代性"就是理论向度类型。

6. 方法向度。将对研究单位的研究方法作为表述维度。例如，"STEM学习成效的混合研究"这个标题中的"混合研究"就是方法向度类型。】

AI答：

非常荣幸能够担任您的博士生导师，并协助您撰写学术论文。根据您的研究单位"研究生创业"和提供的研究维度思维罗盘模型的规则，我推荐以下几种可能的研究维度供您参考。

1. 内部向度：您可以专注于研究生创业的内部机制，如研究生创业的动机、态度、能力培训等。例如：

- 研究生创业动机的时空演变研究
- 研究生创业教育环境下的能力培养机制

2. 外部向度：这个方向可能涉及研究生创业与其他因素，如与社会经济、教育政策、行业动态等的关系。例如：

- 研究生创业与就业市场需求的匹配度分析
- 高校环境对研究生创业成功率的影响研究

3. 理解向度：可以深入理解和阐释研究生创业的深层次结构和逻辑。例如：

- 研究生创业的社会文化解读
- 当代研究生创业现象的历史哲学反思

4. 行动向度：关注如何采取措施促进或改善研究生创业。例如：

- 高校创业教育体系的优化方案研究
- 研究生创业扶持政策的效果评估与改进

5. 理论向度：您可以尝试将一些现有理论应用于研究生创业的研究。例如：

- 创新理论视角下的研究生创业模式分析
- 人力资本理论在研究生创业培训中的应用研究

6. 方法向度：这一维度专注于研究方法本身。例如：

- 研究生创业成功因素的定量与定性混合研究
- 基于案例研究的研究生创业经验分析

这些只是一些粗略的方向，具体的研究维度应根据您的兴趣、研究背景和资源等来细化和选择。如有需要进一步讨论和明确研究方向，请随时与我联系。

因为在以上指令中，我们只是提供了非常简单的研究维度思维罗盘模型的规则，这导致 AI 工具提供的建议较为宽泛。我们可以在此基础上继续追问，获得更具体的指导。追问的思路是为 AI 工具提供参考范文，将范文和研究维度思维罗盘模型的规则结合起来。

指令：

请你参考以往研究论文，帮我继续优化选题。提供文献：

（略）

AI 答：

非常好，你已经拥有了很多以往的研究论文作为参考，这将有助于你选择和优化你的研究主题。根据你提供的论文列表，我们可以看出，这些研究主题主要集中在以下几个方面：创业能力和意愿、教育方法和模式、社会和个人影响因素、创业绩效等。

那么，结合你的研究对象和研究维度，一些可能的研究主题如下：

1. 理论和实践的结合："研究生创业教育理论与实践的有效整合——以某高校为例"，这个主题将考察理论和实践如何相互影响，并在具体的案例中寻找成功的实践。

2. 行动类型与创新："基于创新教育的研究生创业优化策略——以 STEM 教育模式为例"，这个主题将研究如何通过创新的教育模式（如 STEM 教育）来提高研究生的创业能力。

3. 理解类型与社会文化因素："社会文化因素对研究生创业能力与意愿的影响研究"，这个主题将探讨社会文化因素如何影响研究生的创业能力和意愿。

4. 外部类型与个人特质："研究生创业意愿与个人特质的相关性研究——以某大学为例"，这个主题将研究研究生的创业意愿如何与他们的个人特质（如风险承受能力、创新能力等）相关。

每个主题都会带来不同的研究视角，建议你根据自己的兴趣和研究目标选择最合适的主题。请随时向我提问或寻求进一步的建议。

通过提问和追问，AI 工具已经提供了较为具体的指导。如果对结果不满意，可以继续追问，让 AI 工具提供更多的参考指导，直到出现启发性较强的内容。

案例 4-3：采用教练角色型互动方式获得研究维度线索

教练角色型互动是指让 AI 工具担任教练角色，在一定的规则框架内，AI 工具提出问题，使用者回答问题。在研究问题部分所进行的"逼问"方式就是教练角色型互动方式的运用。这里采用教练角色型互动方式，尝试获取研究维度线索。

指令：

我是一名二年级在读博士生，专业是社会学。请你担任学术教练。我目前准备撰写一篇学术论文，需要你的指导。我选定的研究对象是"父职育儿"，请根据研究维度思维罗盘模型的六种向度类型，每种类型请一个社会学学术名人扮演提问者角色，通过提问的形式，启发我找到合适的研究视角。【】中的内容是对研究维度思维罗盘模型的具体解释。

（略）

AI 答：

你好。我很高兴能担任你的学术教练。你选定的研究对象是"父职育儿"，这是一个很有意义的话题。我会根据研究维度思维罗盘模型的六种向度类型，每种类型请一个社会学学术名人扮演提问者角色，启发你找到研究视角。以下是我的建议。

1. 内部向度。请马克斯·韦伯扮演提问者角色，他可能会问："父职育儿这一现象是如何随着社会历史变迁而发生变化的？它与不同社会制度和文化价值观之间有何关联？"

2. 外部向度。请皮埃尔·布迪厄扮演提问者角色，他可能会问："父职育儿这一现象是如何受不同社会结构和力量场的影响的？它与父亲的社会阶层、教育水平、职业地位、文化资本等因素有何关系？"

3. 理解向度。请阿尔弗雷德·舒茨扮演提问者角色，他可能会问："父职育儿这一现象是如何被不同的主体和群体所理解和诠释的？它与父亲的生活世界、日常实践、意义建构、社会行动等方面有何联系？"

4. 行动向度。请约翰·德威扮演提问者角色，他可能会问："父职育儿这一现象是如何对个人和社会产生影响和价值的？它与不同的教育目标、教育政策、教育实践、教育评估等行动领域有何关系？"

5. 理论向度。请安东尼·吉登斯扮演提问者角色，他可能会问："父职育儿这一现象是如何体现和反映当代社会的结构性变迁和个人化趋势的？它与现代性、后现代性、反传统化、自我身份等理论概念有何对话和互动？"

6. 方法向度。请布鲁诺·拉图尔扮演提问者角色，他可能会问："父职育儿这一现象是如何通过不同的研究方法和技术来探索和呈现的？它与不同的研究范式、研究设计、数据收集、数据分析等方法论问题有何关系？"

希望这些问题能够帮助你拓展思路和视野，找到适合你的研究维度。祝你学术顺利！

追问 1：

我对理论向度比较感兴趣，可以展开聊聊吗？

AI 答：

当然可以。理论向度是指从某一种或几种社会学理论的视角来分析和解释研究对象的特征、规律、机制、意义等方面。理论向度可以帮助你构建一个清晰的分析框架，提出一个有创新性和说服力的论点，以及与其他研究者进行有效的对话和辩论。你选择的研究对象是"父职育儿"，你可以从以下几个方面来思考理论维度。

1. 你想从哪些社会学理论的视角来分析"父职育儿"这一现象？例如，你可以从性别理论、家庭理论、社会化理论、社会运动理论等不同的理论视角来探讨"父职育儿"涉及的性别角色、家庭关系、社会化过程、社会变革等问题。

2. 你想用哪些社会学理论的概念或模型来解释"父职育儿"这一现象？例如，你可以用性别化分工、家庭生活循环、互动仪式链、集体行动框架等不同的理论概念或模型来解释"父职育儿"所表现出的性别差异、家庭变迁、互动模式、行动动机等问题。

3. 你想用哪些社会学理论的观点或假设来评价"父职育儿"这一现象？例如，你可以用男性主义、女权主义、后现代主义、批判理论等不同的理论观点或假设来评价"父职育儿"所反映出的男性地位、女性权利、社会多元化、社会批判等问题。

希望这些思路能够帮助你进一步明确和深化你的理论维度。如果你有任何疑问或困惑，欢迎随时与我交流。

追问 2：

请根据以上信息，帮我推荐几个合适的理论维度，格式是"研究单位（父职育儿）＋理论维度"。

AI 答：

好的，我会根据你的要求，帮你推荐几个合适的研究维度，格式是"研究对象（父职育儿）＋理论维度"。以下是我的推荐。

1. 父职育儿的性别化分工：从性别理论的视角，分析父职育儿中父亲和母亲如何分配与协调家庭和职业的责任、权利，以及这种分工对他们的性别认同和性别关系的影响。

2. 父职育儿的家庭生活循环：从家庭理论的视角，分析父职育儿在不同的家庭发展阶段如何发生变化和调整，以及这种变化对他们的家庭满意度和家庭功能的影响。

3. 父职育儿的互动仪式链：从社会化理论的视角，分析父职育儿中父亲和子女如何通过日常的互动行为来建立和维持情感、信任、尊重等社会资源，以及这种互动对他们的社会化效果和社会化问题的影响。

4. 父职育儿的集体行动框架：从社会运动理论的视角，分析父职育儿中父亲如何通过参与不同的组织、网络、活动等来形成和传播他们的行动目标、行动策略、行动意义等，以及这种行动对他们的社会变革和社会影响的影响。

5. 父职育儿的现代性：从现代性理论的视角，分析父职育儿中父亲在面对不断变化和不确定性的社会环境中，如何进行自我身份的构建和重塑，以及这种构建对他们的个人化和反传统化的影响。

6. 父职育儿的女权主义：从女权主义理论的视角，分析父职育儿中父亲如何挑战和改变传统的男性主义和父权制度，以及这种挑战对女性权利和女性解放的影响。

希望这些推荐能够符合你的要求。如果你有任何疑问或困惑，欢迎随时与我交流。

追问 3：

非常好，请对以上推荐的几个选题进行分析，并打分。

AI 答：

好的，我会对以上推荐的几个选题进行分析，并打分。以下是我的分析和打分。

1. 父职育儿的性别化分工：这个选题的优点是能够从性别理论的视角，揭示父职育儿中存在的性别不平等和性别冲突，以及对父亲和母亲的性别角色与性别关系的影响。这个选题的缺点是可能过于强调性别差异，忽略了性别合作和性别多样性，以及其他影响因素，如社会阶层、文化背景等。我给这个选题打 7 分。

2. 父职育儿的家庭生活循环：这个选题的优点是能够从家庭理论的视角，展示父职育儿在不同的家庭发展阶段如何发生变化和调整，以及对父亲和子女的家庭满意度和家庭功能的影响。这个选题的缺点是可能过于强调家庭内部的因素，忽略了家庭外部的因素，如社会环境、政策制度等。我给这个选题打 8 分。

3. 父职育儿的互动仪式链：这个选题的优点是能够从社会化理论的视角，分析父职育儿中父亲和子女如何通过日常的互动行为来建立和维持情感、信任、尊重等社会资源，以及对他们的社会化效果和社会化问题的影响。这个选题的缺点是可能过于强调微观层面的互动过程，忽略了宏观层面的社会结构和社会文化。我给这个选题打 9 分。

4. 父职育儿的集体行动框架：这个选题的优点是能够从社会运动理论的视角，分析父职育儿中父亲如何通过参与不同的组织、网络、活动等来形成和传播他们的行动目标、行动策略、行动意义等，以及对他们的社会变革和社会影响的影响。这个选题的缺点是可能过于强调父亲作为行动者的主动性和创造性，忽略了他们所面临的制约和挑战，如社会规范、权力关系等。我给这个选题打 8 分。

5. 父职育儿的现代性：这个选题的优点是能够从现代性理论的视角，分析父职育儿中父亲如何在面对不断变化和不确定性的社会环境中，进行自我身份的构建和重塑，以及对他们的个人化和反传统化的影响。这个选题的缺点是可能过于抽象和理论化，难以找到具体和实证化的研究数据和研究方法。我给这个选题打 7 分。

6. 父职育儿的女权主义：这个选题的优点是能够从女权主义理论的视角，分析父职育儿中父亲如何挑战和改变传统的男性主义和父权制度，以及对女性权利和女性解放的影响。这个选题的缺点是可能过于强调批判和反抗，忽略了合作和共赢，以及其他理论视角，如男性研究等。我给这个选题打 8 分。

总体来说，我认为以上推荐的选题都有一定的价值和意义，但也有各自的优缺点。你可以根据你自己的兴趣、背景、目标等因素来选择一个最适合你的研究维度。如果你有任何疑问或困惑，欢迎随时与我交流。

第五节　本章练习

1. 深入了解并掌握研究维度的六个向度。

2. 针对某一个研究单位，借助 AI 工具，使用研究维度思维罗盘模型来分析研究维度规律，并根据分析结果，选择几个研究维度。最后，评估所选择的研究单位和研究维度是否匹配。

3. 采用教练角色型互动方式，针对某一个研究单位，通过连续追问的方式，获得分数较高的研究维度。

第五章
推导文献综述"GAP"的破界创新模型

本章深入探讨了文献综述的核心环节——推导研究"GAP",并提出了破界创新模型。通过"三大步九小步"框架,本章揭示了文献综述的基本流程,包括查询、阅读、筛选、分类、归纳、记述、分析、评价和建构。我们借助"三三三"模型和文献综述分类三维模型来优化"综"和"述"环节,为"评"环节的深度分析打下坚实基础。本章的核心在于如何通过破界创新模型,挑战现有研究的基石假设,发现并填补研究空白。通过案例分析,我们展示了如何运用破界创新模型在实际研究中定位"GAP",优化选题,并提出具有创新性的研究问题。这一模型不仅为研究者提供了一种新的思考方式,也为学术探索注入了新的活力。

在开始讲解本章内容之前，我们先来了解一下"GAP"的内涵。"GAP"是"Research Gap"的简称，直接翻译就是"研究空白"，但放到文献环境中，"GAP"的含义就十分丰富了，至少具有以下几个层面的含义：第一，"GAP"是以往研究的不足之处；第二，"GAP"是创新点，是该文的立足之地；第三，"GAP"是研究问题成立的合法性论证；第四，"GAP"是研究观点的主要来源等。"研究空白"可能并不足以表达多层含义，所以我们还是采用"GAP"的叫法。

在已有文献中发现"GAP"是一个非常棘手的工作。有一些文献综述指导用书建议研究者从方法、理论、观点等角度梳理文献"GAP"，但是很多研究者沿着这些线索根本找不出高质量"GAP"。为了更有效地解决研究者定位"GAP"的难题，我们尝试引入破界创新模型[①]，在方法论上进行创新性尝试。

第一节 模型背景：文献综述基本流程与综述对象

文献综述可分为三个主要环节：综、述、评。每个主要环节包含三个关键动作，概括起来就是文献综述的"三大步九小步"框架，如表 5-1 所示。其中，"综"主要涉及文献资料的查询、阅读和筛选，是综述文本的幕后工作；"述"主要是对文献资料的分类、归纳和记述，是综述文本的主要内容；"评"主要是对已有文献观点的分析、评价和建构，据此发现已有文献中的"GAP"。"GAP"是文献综述中的核心内容，也是整篇论文的支撑点。

▶ **表 5-1 文献综述的流程**

主要环节	关键动作		
综	查询	阅读	筛选
述	分类	归纳	记述
评	分析	评价	建构

① 李善友. 第一性原理 [M]. 北京：人民邮电出版社，2021：52-61.

在文献中推导"GAP"是"评"环节的主要任务，但是"综"和"述"是"评"环节的基础。我们先借助两个模型理解"综"和"述"环节的核心特征，再细致讲解推导"GAP"的过程。

首先来看"综"环节。在这个环节中，需要处理的事项比较多，其中研究者面临的主要挑战是：如何确认关键文献？

学术论文中的文献通常来源于多种文献数据库，大多数高校和研究机构提供了对主要中英文数据库的访问权限，再补充一些网络、报纸、期刊等途径的相关文献，就可以构成总体文献。文献查询不是特别复杂，一般研究者都掌握文献检索的基本方法和技巧，能够围绕主题检索到相关文献。然而，在这一过程中，识别关键文献并确定何时停止检索是"综"阶段面临的一个主要挑战。研究者可以尝试使用"三三三"模型作为核验文献的标准[①]，如图 5-1 所示。

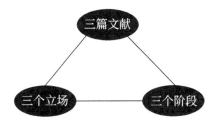

图 5-1 核验文献的"三三三"模型

在图 5-1 中，第一个"三"，指研究主题领域中最关键的三篇文献或三个重要作者。第二个"三"，指研究主题领域中持有不同意见或观点的三篇文献或三个作者。第三个"三"，指研究主题领域中代表不同发展阶段的三篇文献或三个作者。

研究者要达到"三三三"模型的要求并不容易，但是以此作为衡量标准，可以督促研究者不断深入阅读和思考文献，寻找文献中隐藏的脉络关系，为后续文献分类做好准备。需要补充说明的是，"三三三"模型中的"三"是个约数，指几篇的意思，既可以是一篇，也可以是四篇、五篇，这要根据具体选题来确定。同时，"三三三"模型也不是一个非常具体和严格的标准，不管是三篇关键文献、三种意见，抑或是三个阶段，都由研究者自己判断和界定，只要论证充分就可以。

"三三三"模型中的每一个维度，都有一些常用的操作技巧。例如，识别第

---

① 刘良华. 教育研究方法 [M]. 上海：华东师范大学出版社，2014：46.

一个"三"中的文献，可以通过文献间的"共引"关系进行判断，被引频次较多的文献大概率也是该领域比较关键的文献。"共引"关系可以通过中国知网可视化分析功能实现。识别第二个"三"中的文献观点，需要研究者对关键文献的研究观点进行识别、抽象和合并。识别第三个"三"中的文献发展阶段，可以参考生命周期概念，通过定位关键节点的方式进行划分，如"起始点""变化点""衰落点"等。

搜索与识别关键文献，可以依据该主题的已有综述文献进行，既可以是专门的综述论文，也可以是主题论文中的综述部分内容，它为研究者快速了解该领域文献分布提供了一张可供参考的地图。研究者可以根据"地图线索"，按图索骥，滚雪球般丰富文献内容，直到对研究领域的概貌十分了解，也就达到了"三三三"模型的核验标准。

我们再来看"述"环节。在这个环节中，研究者面临的主要挑战是：如何为文献分类？

在阅读文献时，研究者会觉得这些文献杂乱无章，每个作者似乎都有自己的分类习惯，每篇文献综述中呈现出来的分类标准不尽相同。如何确定分类标准成为研究者撰写文献综述的最大障碍。其实，文献综述分类是有章可循的。针对文献综述分类难题，我们总结了文献综述分类三维模型（见图 5-2），帮助研究者更深入地理解文献综述分类的规律。

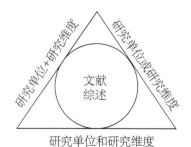

图 5-2　文献综述分类三维模型

去除文本的修辞元素，我们可以看到文献综述的焦点主要集中在研究对象的关键要素上。在这些要素中，研究单位和研究维度是核心部分，它们不仅是研究对象的核心要素，也是文献综述中最关键的分析内容。

根据文献综述分类三维模型，文献综述分类一般有下列三种分类方式。

- 单一型：研究单位或研究维度。
- 复合型：研究单位和研究维度。
- 融合型：研究单位＋研究维度。

为了方便大家理解这三种分类逻辑，我们拿生活常识打一个比方：可以把研究单位看作鸡蛋，研究维度看作西红柿。那么相对应的三种分类方式分别为：针对鸡蛋做综述、分别针对鸡蛋和西红柿做综述、针对西红柿炒鸡蛋做综述。下面我们通过举例的方式进行说明。

单一型是指只把研究单位或者研究维度作为综述对象，在分类上针对这一个要素再进行细分。例如，《儿童旅游认知的探索性研究》[①]一文的综述结构如下。

  1 文献回顾：多维视角下的儿童旅游
    1.1 成人视角下的儿童旅游
    1.2 儿童视角下的儿童旅游
    1.3 中西文化比较视角下的儿童旅游
    1.4 文献回顾述评

从以上文献综述结构中可以看出，该论文的综述对象为"儿童旅游"，而"儿童旅游认知"在论文结构中属于研究单位。在综述具体分类表述中，将"儿童旅游认知"细化成了"成人视角""儿童视角""中西文化比较视角"三种认知类型，并进行了相应的论证。这属于对单一要素进行综述的类型。

复合型是指在文献综述中同时把研究单位和研究维度作为综述对象，但在分类时，两者分开论证。例如，《零度控制与镜像场景：公民新闻的透明性叙事》[②]一文的综述结构如下。

---

① 钟士恩,黄佩红,彭红松,等.儿童旅游认知的探索性研究[J].旅游学刊,2020,35(2):38-52.
② 陆佳怡,仇筠茜,高红梅.零度控制与镜像场景：公民新闻的透明性叙事[J].国际新闻界,2019,41(5):39-59.

一、文献综述与关键概念

（一）公民新闻

（二）透明性

（三）新媒体语境下的新闻叙事

在该论文的综述框架中，涉及三个关键概念：公民新闻、透明性和新闻叙事。对比研究对象结构："公民新闻"是研究单位，"透明性叙事"是研究维度，"透明性叙事"是由"透明性"和"新闻叙事"两个概念融合而来的。在综述分类中，作者将研究单位和研究维度作为主要的综述对象，根据特定概念的特征，把研究维度拆成两个概念进行相应的论证。

融合型是指文献综述中把研究单位和研究维度作为一个统一对象，根据两者的共同特征建立分类标准。例如，《"权力—利益"与行动伦理：基层政府政策动员的多重逻辑——基于农地确权政策执行的案例分析》[①] 一文的综述结构如下。

二、乡村关系中的激励与动员机制及其实践：一个文献回顾

权力支配范式……

利益交换范式……

庇护主义范式……

在该论文的综述框架中，作者将"基层政府政策动员的多重逻辑"作为一个整体进行分析，标题中的"基层政府政策动员的多重逻辑"和文献部分标题"乡村关系中的激励与动员机制及其实践"含义相同，只是表述上有所区别而已。作者将"基层政府政策动员的多重逻辑"分为三种类型。

实际上，研究者阅读到的文献综述比以上分类要复杂得多。在具体规划文献综述结构时，很多研究者为了精简论文结构，也会把研究理论、研究观点等元素放到文献综述里。按照规范的论文结构，这些元素应该归属于独立章节，研究者在阅读时要注意区分。

---

① 狄金华."权力—利益"与行动伦理：基层政府政策动员的多重逻辑——基于农地确权政策执行的案例分析 [J]. 社会学研究，2019，34(4)：122-145，244-245.

第二节　模型拆解：基于破界创新模型推导研究文献"GAP"

　　文献综述的第三个环节是"评"，主要任务是对已有分类文献进行分析、评价，以及基于分析、评价建构本研究的研究基点。从文献结构上看，这一部分通常篇幅不大，但地位举足轻重，尤其是通过既有文献分析和评价而推导出的"GAP"，是文献综述的最终目标，"GAP"的角度和深度也直接影响到整个研究的质量。

一、"逻辑—假设"模型

　　世界是由各种各样的现象构成的，现象是凌乱的、无序的，但是现象背后的规律是有序的。文明伊始，人类就试图发现和总结现象背后的规律。例如，公元前4000年左右，苏美尔人就通过巨石阵将观测的星空运行轨迹记录下来，试图发现浩瀚星空的规律。现象背后的规律是客观的，但是囿于认知局限，人们对于现象本质的认知总是偏颇的、阶段性的、主观的，如人们由地心说转变为日心说的过程，经历了漫长的时间，伴随着激烈的斗争。人们为了更方便地认知世界，会共享少数人对"现象本质的认知"，同时为了提升传播效率，他们首先会对本质认知进行语言上的总结，这个过程实际就是建模的过程，如牛顿将其发现的"任何有质量的两个物体之间都有引力"的规律，称为"万有引力"。这里我们讲到的规律、本质、建模实际上都是同一个层面的含义，它们都是表面"无序"现象背后的决定因素，是现象得以呈现的基础。它们之间的关系，可以通过图5-3进行表示。

图5-3　现象和规律的关系

　　下面通过一个案例来展示"现象—本质"的实践效果。

在互联网出现之前，报纸和期刊是主要的文字类信息传播媒介。互联网出现之后，在雅虎模式的影响下，门户网站如雨后春笋般涌现。门户网站通过集成以往报纸和期刊上的信息的形式，满足了人们方便获取信息的需求，并因此得以快速发展。门户网站跃进式发展几年后，网站信息急剧膨胀，从中识别出有用的信息反而成为负担。这时候，搜索引擎应运而生，用户通过简单的搜索就能快速找到目标信息，于是搜索引擎的市场份额随之增大。同样地，随着信息数量的爆炸式增长，搜索引擎的效能越来越低，冗余低劣的信息越来越多地出现在搜索结果中，尤其是搜索引擎赖以为生的"关键词排名"的商业模式，更加剧了搜索信息的混乱性。随后，基于用户阅读兴趣进行信息推荐的阅读平台横空出世，迅速吸引了大量用户的关注和使用。随之，这种基于兴趣推荐的模式被应用在文字信息、短视频、电商等更多场景中。

以上，我们非常粗糙地梳理了信息分发模式的演化历程，如果只从表象来看，我们可能只会注意到技术迭代、商业模式演变等规律，但如果透过现象深入分析其本质，就会发现更深层次的规律，这种规律还会指导实践，预测事物的发展走向。如图5-4所示，信息分发的方式，从最初的报纸、期刊，发展到门户网站、搜索引擎，再到基于用户兴趣的信息推荐，是因为信息和人的底层关系不断在演变，从新闻的简单整合，到人主动找信息，再到信息主动找人，基于这些规律才诞生了大家熟知的那些网站、App等平台。至于"兴趣推荐"下一代的发展形式是什么，可以按照信息和人的关系继续往下推演。

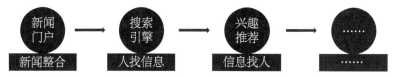

图 5-4　信息分发的现象和规律

逻辑学中有一条定律叫作简一律，是指任何一个系统最后都可以简化为一条基本的原理。如果找不到最基本的"一"，那再多的描述也仅仅是在现象层面的分类归堆而已。这里的"一"就是指用十分简洁的语言表达出现象背后的规律。一类现象之所以区别于另一类现象，是因为各类现象都有自己的逻辑边界，逻辑边界之内形成了一个独特的逻辑体系。而任何一个逻辑体系都是建立在一定的认知基础上的，认知是相对的，不是绝对的，所以我们把认知视作一种"暂时的假设"，那么"暂时的假设"就成为逻辑体系的基本假设，我们称之为"基石假设"。这样"现象—本质"关系就可以用"逻辑—假设"模型来表示，如图 5-5 所示。

图 5-5　"逻辑—假设"模型

"逻辑—假设"模型由三个要素构成：逻辑体系、基石假设和边界系统（一个逻辑体系和另一个逻辑体系的边界）。对这三个要素的识别是理解事物本质的有效方法。"逻辑—假设"模型适用于所有"现象—本质"关系的理解。

二、破界创新模型

在文献综述体系中，"逻辑—假设"体系代表了对现有文献的分析和归纳。文献综述的目标是定位"GAP"，现有文献的"逻辑—假设"体系成为批判性理解的对象，目标是在此基础上，实现破界创新，挖掘隐藏在文献中的"GAP"。

为了实现这一目标，这里引入另一个分析模型——破界创新模型，如图 5-6 所示。"破界创新"包含两层含义：创新是目标；破界是手段。破界创新模型的基本原理是，首先确定已有目标的"逻辑—假设"体系，然后通过对其进行不断反思和审视，找到已有目标"逻辑—假设"体系未能覆盖的新"逻辑—假设"，即达到发现"GAP"的目的。实际上，破界创新模型是"逻辑—假设"体系的进一步延伸。

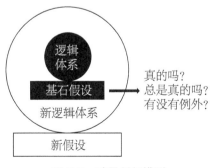

图 5-6　破界创新模型

破界创新模型的实操分为以下几步。

第一步：对已有文献的"逻辑—假设"体系提出"灵魂三问"。

基于已有文献体系归纳出来的"逻辑—假设"体系在特定条件下是逻辑自洽的，但是如果特定条件发生变化，"逻辑—假设"体系大厦也将随之崩塌。"基石假设"就是"逻辑—假设"体系大厦的根基，如果动摇了"基石假设"的合理性，那么"逻辑—假设"体系就很容易打破了。

破界创新模型的第一步就是对基于已有文献归纳出来的"逻辑—假设"体系进行猛烈进攻，尤其是对"逻辑—假设"体系中赖以维系的"基石假设"进行质疑。具体方法就是针对"基石假设"提出"灵魂三问"：真的吗？总是真的吗？有没有例外？如图5-7所示。

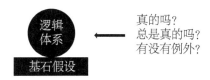

图 5-7　针对"基石假设"提出灵魂三问

第二步：提出一个新的"基石假设"。

如前所示，在破界创新模型中，创新是目标，破界是手段。针对"基石假设"的"灵魂三问"是破界手段，目标是找到不同于已有"逻辑—假设"体系中假设的"新假设"。基于针对"基石假设"的"灵魂三问"，可以延伸出五个具体问题：

- 现有系统的逻辑体系是什么？
- 现有系统的"基石假设"是什么？
- 现有系统的本质认知是什么？
- "基石假设"总是真的吗？
- "新假设"是什么？

通过对这五个具体问题的追问，最终实现找到"新假设"的目标。但是，在实操中，找到"新假设"并不是一件容易的事。

第三步：描述和分析基于"新假设"之上的"新逻辑体系"。

发现"新假设"之后，还要清晰描述"新假设"，即对"GAP"及相关要素的描述，同时也要阐述基于"GAP"建构"新逻辑体系"的可能性和合理性。这些内容是文献综述"评"部分主要阐述的内容。

第三节 模型应用：破界创新模型的多重影响因素

文献综述中，运用破界创新模型定位文献"GAP"时，需要注意以下几点。

一、发现"新假设"是破界创新的关键

在应用破界创新模型的过程中，提出"新假设"成为了核心步骤，它在很大程度上决定了突破性创新的质量。破界创新模型有两个关键环节："破"和"立"。"破"就是打破"逻辑—假设"体系的界限，不被现有的现象和规律所困。"立"就是在"逻辑—假设"体系之外，基于"新假设"建构"新逻辑体系"。发现"新假设"正是"破"和"立"的交界点，既是"破"的结果，又是"立"的前提。那么如何才能发现已有"逻辑—假设"体系之外的"新假设"呢？下面列举几个方法供参考。

方法一：特别重视"非主流"文献中包含的"新假设"微光。

任何一个研究主题都存在着不同的研究视角、研究观点和研究阶段的文献资料，它们共同构成了这个研究主题的文献整体。但是，不同属性资料的比例是不均等的，有主流文献，也有非主流文献；有支持性观点，也有反对性观点；有旧发展阶段，也有新发展阶段。研究者要特别注意那些"非主流""反对性""新阶段"的文献，这些文献不一定是错误的，但一定是"少数的"，在某些方面不同于主流文献。这些"非主流"文献可能并不会直接告诉研究者"新假设"是什么，但是这些文献中所具有的"奇点"特征，却实实在在包含了"新假设"的微光。

方法二：研究者要多积累理论资源，这是建立"新假设"最直接的钥匙。

前面我们讲过，所谓假设其实就是一种认知，那建立"新假设"的过程，实际

上就是找到超越已有文献认知的过程。理论上来讲，超越已有文献的认知是无穷无尽的，但是找到一个适合的认知资源基本上只有两条路径：一是研究者根据已有文献的规律总结出一个新认知；二是用一个已有的认知资源作为已有文献的底层规律，其中理论就是典型的认知资源。理论是一种得到学术共同体认可且体系较为完整的认知资源，它比研究者自己总结的新认知更容易得到认可，对规律总结的有效性也更强，所以理论资源是我们用来建立"新假设"的有效路径。同时，对于理论的学习和积累，也有助于研究者深入分析已有文献的规律，从而更有效地找到"新假设"。

方法三：研究者要保有追求"本质"的动因和热情，注意培养批判性思维和抽象化思维，能够从规律层面发现线索的断层，从而发现"新假设"。

思维层面的培养是一个道阻且长的过程，但是有几点要注意：第一，研究者要认识到思维的重要性，方法和技巧的差别本质上是思维方式的差距；第二，研究者平时可以看一些批判性思维、抽象思维等逻辑主题的图书，提高逻辑能力和实操技能；第三，研究者在平时的思考和具体的写作中要有意识地注意运用复杂思维方法，经过不断练习，把简单思维提升到复杂思维层面上来。

二、新旧逻辑体系的关系类型

基于"新假设"基础之上的"新逻辑体系"就是研究者要找的"GAP"，是对已有研究的破界创新，但是"新逻辑体系"和"旧逻辑体系"是什么关系呢？根据我们的观察和总结，新旧逻辑体系之间大概存在四种关系类型，如图 5-8 所示。

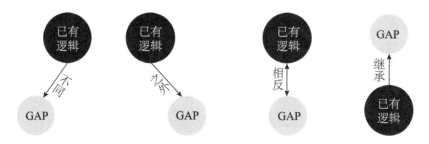

图 5-8 新旧逻辑体系之间的四种关系类型

第 1 种类型：与以往研究不同的新视角。

已有文献的逻辑体系和"新逻辑体系"在很多方面是相同的，但是在某条线索或者某个视角上，二者有所区别。这种线索或视角上的不同是"GAP"的来源。在文献综述文本中，引出"GAP"的常用表述模式：一个与以往研究不同的新视角是……

案例 1：

无论是上文所述的积极价值或是消极影响，都预示着研究者需要关注"关系"的运行。事实上，已有诸多经验研究讨论了"关系"、关系资本、社会资本相关的问题，但大多是从求助者角度出发，……综上所述，本文试图将视角转向施助者一方，关注一个核心问题：在"关系"使用的过程中，谁更可能被请托。[①]

案例 2：

总之，在对酒精成瘾的干预与治疗方面，现有研究主要从生理、心理、行为、政策干预和临床治疗等方面提出一些方案。本研究认为，要从酒精成瘾者自身的生活轨迹和具体遭遇出发，理解与酗酒行为相关的、在生活世界中遭受的具体困境，并提供适当社会支持帮助他们摆脱挫折的影响、产生主动戒酒的意愿。[②]

案例 1 和案例 2 都是在同一个研究主题下，发现了一个新的研究视角。案例 1 中的新视角是从求助者转到施助者，案例 2 的新视角是从酒精成瘾者的外部因素转到内部因素。

第 2 种类型：以往研究较少涉及。

已有文献已经涉及"新逻辑体系"的内容，但是研究不够深入，要在现有的基础上做更深入研究。少部分交叉内容就是"GAP"的来源。在文献综述文本中，引出"GAP"的常用表述模式：以往研究较少涉及……

---

① 程诚,袁野.潜在施助者的社会特征——基于CGSS(2010—2018)的实证研究[J].社会学研究,2023,38(3):112.
② 彭书婷.青年酒精成瘾的成因、过程与应对策略——基于对某戒酒协会成员的深入访谈[J].青年研究,2023(2):83.

案例 3：

如前所述，工业企业如何融合内外部的技术和资源关乎数字化转型的成败。但通过相关文献梳理可以发现，尽管学者们基于不同理论视角对传统工业企业的数字化转型过程展开了丰富的探究，但这些研究的重点主要聚焦在数字技术在企业的应用，探究企业如何通过数字技术的创新与应用来推动数字化转型，但工业企业如何融合内外技术和资源以实现数字化转型的难题，仍未得到有效解决。……鉴于此，为了弥补上述研究缺口，本文聚焦于传统工业企业数字化转型过程这一情境，创新性地解构了数字化知识的新内涵和生成及共享机制，并在此基础上进一步构建了基于数字化知识的迭代转型模型，进而揭示了数字化知识在传统工业企业实现数字化转型中的作用机制，有效地解决了传统工业企业如何融合内外技术和资源实现数字化转型的实践难题。①

案例 4：

总的来看，地方政府数字治理的主要特征是通过数字技术降低信息的不对称，增强信息交互，推动信息共享，使得治理主体之间的信息沟通成本有效降低。进一步而言，上述研究对政府治理有效性路径的分析，以及对地方政府数字治理实践的刻画，主要立足点都是技术与组织的互构逻辑。但是，当前研究仍聚焦在数字技术与地方政府的科层体制之间赋能路径的表面探讨，未能深入到技术与组织如何塑造地方政府数字治理有效性的内在机理。基于此，下文尝试构建理论分析框架，结合 S 市 A 区"一网统管"的具体实践，剖析地方政府数字治理有效性的机制与逻辑。②

案例 3 和案例 4 都是基于对已有研究的"批评式"分析而提出研究"GAP"，而已有研究不足之处正是"GAP"所在之处。这种关系类型和第一种关系类型有很大区别，第一种关系中对以往的评价是中性的，"GAP"来自另一个不同视角而已，而第二种关系中的"GAP"是弥补性的，弥补已有研究的不足和缺陷。

---

① 王永贵,汪淋淋,李霞. 从数字化搜寻到数字化生态的迭代转型研究——基于施耐德电气数字化转型的案例分析 [J]. 管理世界, 2023, 39(8):93.
② 孟子龙,任丙强. 地方政府数字治理何以有效提升基层治理效能?——基于 S 市 A 区"一网统管"的案例研究 [J]. 中国行政管理, 2023, (6):15.

第 3 种类型：与以往研究相反。

"新逻辑体系"和已有文献的逻辑体系是相反的、对立的，这种关系主要体现在研究观点上的对比。与已有文献相反的观点是"GAP"的来源。在文献综述文本中，引出"GAP"的常用表述模式：与以往研究相反……

案例 5：

通过对上述文献的梳理，我们发现当前研究仍存有以下不足：……其三，由于模型设定等问题，目前部分关于中国旅游消费的房地产财富效应的研究结论值得商榷，如刘晶晶等（2016）在考察中国旅游消费的房地产财富效应及其地区差异时，存在地区虚拟变量设置错误、遗漏关键变量等问题，研究结论难以令人信服。

这种关系类型在实际写作中使用较少，因为这种写作方式是对别人的研究进行否定式批评，但在逻辑上讲，这种关系类型必然存在。例如，在案例 5 中，作者基于"GAP"提出的研究思路就是建立在对刘晶晶的研究否定式批评之上的，呈现出了两种相反的、对立的逻辑。

第 4 种类型：在以往研究的基础上。

研究者肯定已有逻辑体系的合理性，并想在此基础上做进一步的深入研究。对现有文献的延伸性是"GAP"的来源。在文献综述文本中，引出"GAP"的常用表述模式：在以往研究的基础上……

案例 6：

总之，有关中国政府回应性的研究已经取得了丰硕成果，为人们理解不同地区、不同政策领域和部门、不同层级政府回应性的差异提供了基础。……具体而言，已有研究在以下两方面还存在进一步拓展和深化的空间：（1）从研究内容来看，还很少有学者对中国背景下"条条"与"块块"回应性的差异及其背后的逻辑进行系统分析，而条块结构是中国治理体制的典型特征，也是中国地方政府基本的结构性关系。作为理解中国政府回应性整体图景中不可或缺的组成部分，"条块回应性差异"研究亟待补课。（2）社会中心视角的研究和政府中心视角的研究处于相对区隔的状态，从而无法形成对真实世界的完整叙述和理解。下一步的研究需要融合两种视角，并形成统一的解释框架。[1]

案例 7：

在已有研究的启发下，本文借鉴复杂网络理论的思想，对旅游业跨国依存关系进行建模，从而捕捉全球旅游流的动态变化和网络结构特征，并在此基础上进一步分析相关驱动因素，完整地反映旅游网络格局的影响机制。[2]

案例 6 和案例 7 并没有批评已有研究，而是在肯定已有研究的基础上，将该研究再向前推进一步。

第四节　AI 辅助下的模型实操与案例拆解

案例 5-1：参赛学员运用破界创新模型优化选题

围绕破界创新模型，学术志曾举办了两届文献综述 GAP 模型创新大赛。大赛中，涌现出了很多优秀案例，参赛前后的选题也发生了质的变化。这里选择其中一组成员的参赛选题及迭代过程作为案例，用以展示破界创新模型的威力。

这组参赛成员主要来自教育学领域，他们关注中小学生课后服务的问题，初始选题是"人机协同视域下课后服务的多元主体研究"。这个选题比较平常，不够惊艳。参加大赛后，小组成员根据破界创新模型的要求，通过文献阅读和分析，开始迭代选题。具体的迭代过程如下。

第一步，根据初始选题搜集相关文献，并根据"三三三"模型对核心文献进行快速阅读和筛选，然后建立"逻辑—假设"模型，展示已有文献的基本逻辑，如图 5-9 所示。

---

[1] 魏姝,吴少微,杜泽.地方政府条块回应性差异及其形成机制——政务公开领域的嵌入式案例研究[J].公共行政评论,2022,15(4):78.
[2] 王琪延,高旺,韦佳佳,等.全球旅游网络格局及其影响因素研究[J].旅游学刊,2022,37(8):134.

图 5-9　已有文献的"逻辑—假设"模型

第二步，对现有研究的逻辑，尤其是"基石假设"进行不断的质问：真的吗？总是真的吗？有没有例外？

小组成员在梳理文献时发现，协同治理是治理研究中常用的一个研究视角，通常使用的研究框架是"政府与多元社会主体协同参与、共同治理"。但是，在阅读文献时，他们也发现了一些"非主流"文献，如有的文献认为志愿服务在参与精准扶贫的过程中呈现了协同惰性的特征[1]，还有的文献认为协同惰性现象是源于集体行动理论[2]。这些文献的观点与小组成员初始的观点不太一致，与他们收集到的主要文献观点也不一致，虽然这些文献并没有直接研究课后服务，但是对他们理解现有选题提供了启发。

第三步，提出新的"基石假设"和基于"新假设"之上的"新逻辑体系"。

小组成员经过组内讨论，发现在课后服务现象治理中，也呈现出协同惰性的特征，参与主体之间的地位并不是平等的，而是呈现"中心—边缘"结构，这种权力结构导致了实际治理行为中诸多不和谐现象的出现。基于以上分析思路，小组成员构建了针对这个选题的破界创新模型，如图 5-10 所示。

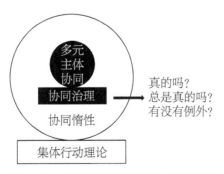

图 5-10　小组成员构建的破界创新模型

---

[1] 袁小平,张雪林.志愿服务参与精准扶贫的协同惰性研究——基于协同关系模式的分析[J].福建论坛(人文社会科学版),2019(7):168-176.

[2] 鹿斌,金太军.协同惰性:集体行动困境分析的新视角[J].社会科学研究,2015(4):72-78.

第四步，根据破界创新模型，"协同惰性"成为小组关注选题中的"GAP"，是以往文献中没有注意到的现象和研究视角。小组成员将初始选题修改为"集体行动理论视角下教师参与课后服务的协同惰性研究"[①]。

该小组呈现的最终选题和初始选题明显不同。当然，也并不是说最终的选题惊艳到了不可及的程度，因为比赛时间较短，比赛的主要目的是引导大家熟练掌握和应用破界创新模型，所以并没有太多时间做更多、更深入的文献阅读和思考。但是，通过对比选题的变化，我们可以清楚地看到破界创新模型在推导研究"GAP"和优化选题方面所发挥的重要指导作用。

案例 5-2：AI 辅助由文献综述定位"GAP"

上述案例展示了如何运用破界创新模型分析已有文献综述的逻辑，以及如何通过梳理文献综述优化选题。下面这个案例将展示怎样从已有的文献综述中的"述"的部分推导定位"GAP"。

继续以案例 5-1 中的选题"集体行动理论视角下教师参与课后服务的协同惰性研究"作为演示案例，基于这个选题我们做了一个非常基础的文献综述中"述"的部分，然后在破界创新模型的指导下，借助 AI 工具一步步推导出可能的"GAP"，提问的逻辑就是破界创新模型实操第二步中的五个问题。

指令 1：

请分析下面材料的逻辑体系和假设。材料如下：

（略）

AI 答：

假设：协同惰性是团队合作中的一个常见现象，其中团队成员可能不会尽最大努力，因为他们认为其他成员会补足他们的不足。

逻辑体系：协同惰性导致团队成员可能不全力以赴，这在教育领域表现为教师

[①] 笔者根据小组成员的汇报思路，通过对主题相关部分文献的阅读，复盘了该小组的操作思路，试图还原小组对该选题的完整思考过程。复盘过程中发现与该小组的操作存在一些差异，所以笔者对结果进行了一定的修改。

可能减少课后服务投入，从而影响服务质量，而教师对此的认知与态度以及现有应对策略的局限性构成了这一现象的复杂性。

指令2：

以上分析的逻辑和假设中，可以推导出什么本质的认知？

AI答：

从以上的逻辑和假设中，可以推导出的本质认知是，协同惰性不仅是一个团队合作中的普遍现象，而且在教育领域中，它可以直接影响教育资源的分配和课后服务的质量。此外，如何认知和应对这种惰性，以及应对策略的实施效果，都可能受到教师自身态度和外部条件的影响。

指令3：

这个假设总是真的吗？有没有不同于目前假设的新假设或者相反的假设？

AI答：

当前的假设基于所提供的材料。但在实际情况中，每个假设都有可能被其他情境、证据或研究所反驳。考虑到这一点，我们可以提出与当前假设不同或相反的假设。

当前假设：协同惰性是团队合作中的一个常见现象，其中团队成员可能不会尽最大努力，因为他们认为其他成员会补足他们的不足。

可能的新假设如下。

1. 教育领域特异性：与其他领域不同，教育领域的团队成员（如教师）可能更加自觉和有职责感，因此协同惰性在教育领域的表现不如其他领域明显。

2. 团队协作强度与协同惰性的关系：在某些团队中，强烈的团队合作文化和共同目标感可能降低或消除协同惰性的表现。

3. 资源分配与协同惰性的关系：协同惰性可能不总是导致教学资源的不均匀分配，有时资源分配的不均衡可能源于其他因素，如管理决策、资金分配或教育政策。

4. 协同努力效应：相反的假设可能是，在某些团队中，成员可能超出自己的职责去努力，因为他们认为自己的贡献会被团队其他成员看到和赞赏。

这些新假设提供了不同的视角和思考方向，它们可能需要进一步的研究和实证证据来支持或反驳。

指令4：

请基于第二个新假设，结合选题，阐述该选题的研究"GAP"。

AI答：

第二个新假设提到了"团队协作强度与协同惰性的关系"：在某些团队中，强烈的团队合作文化和共同目标感可能降低或消除协同惰性的表现。

研究"GAP"：大部分现有的研究聚焦于协同惰性在教育领域的表现以及它如何影响课后服务的提供，但对于如何通过强化团队协作的文化和共同目标感来减轻或消除协同惰性的探讨相对较少。尤其是在教育领域中，团队合作文化的建立和共同目标感的培养对于协同惰性的抑制和管理起到了怎样的作用？这些策略是如何具体实施的，效果如何？

进一步，这种团队合作文化和共同目标感是否会带来其他意想不到的效果或问题？例如，过于强调团队合作是否会限制教师的个性化教学或创新？共同目标感的培养是否需要特定的培训或工具？

通过探索这些问题，我们可以更全面地了解协同惰性在教育领域中的影响机制，以及如何更有效地管理和减轻这一现象。这些未被充分研究的领域构成了现有研究的空白，需要进一步探索和实证。

以上是我们借助AI工具，利用破界创新模型推导研究"GAP"的过程。当然，不是说最后推导出来的"GAP"有多惊艳，毕竟"GAP"受到很多因素的影响，其中文献综述中"述"部分的质量对"GAP"具有决定性的影响，但是AI工具和破界创新模型的组合确实为我们洞察和定位"GAP"提供了更多思路。

第五节　本章练习

1. 请选择你所在学科的一本高影响因子核心期刊，从中选择三篇具有独立文献综述结构的论文，利用破界创新模型还原该论文的综述逻辑和"GAP"的推理过程。

2. 尝试从最初始的选题出发，利用破界创新模型梳理文献综述，推导出研究"GAP"，然后优化选题。

3. 根据整理的文献资料，尝试利用破界创新模型，通过一步步提问的方式，推导出研究"GAP"。

4. 理解新旧逻辑体系之间的四种关系类型，在你所在学科的核心期刊中，为每种类型找 2~3 个对应案例，并阐释不同类型之间的区别。

第六章

匹配研究理论的勾连信号模型

  本章深入探讨了研究问题与理论视角之间的匹配艺术，提出了勾连信号模型，揭示了研究者如何通过理论的多维分类和信号类型，精准地将理论应用于特定研究问题。本章还分析了理论的学科化、层次化和功能化分类，以及研究者对理论的熟悉度如何影响研究过程。在案例分析和 AI 辅助实操中，本章不仅为研究者提供了匹配研究理论的实用工具，还激发了研究者对理论深度挖掘和创新应用的兴趣，旨在帮助研究者在学术探索中找到理论的灯塔，照亮研究的路径。

第一节　模型背景：理论的边界及应用类型

在"顶天立地加两翼"论文结构模型中，研究视角是一个核心要素。在具体的研究中，研究视角类型多样，主要呈现为四种类型：理论型、学科型、框架型和关系型[1]。在实际应用中，理论型是研究者采用最多的一种视角类型，所以，研究者通常会把研究视角约等于理论视角，在很多期刊的论文结构安排中也设置独立的理论阐释部分。

关于理论的理解众说纷纭，有学者从量化研究的视角定义理论[2]，着眼于理论中的变量关系；也有学者从质性研究的视角定义理论，这种理解的着眼点在于理论的构建逻辑[3]；还有学者从理论本身的特征定义理论[4]，着眼于理论本身的逻辑与特征。化繁就简，理论本质上就是对某一现象背后规律的抽象总结。这里包含三个关键要素：现象、规律和总结。现象本身是客观的，是观察和研究的对象；规律是现象背后所遵从的规则，现象是分散的，规律是集中的，所以一个经过验证的规律通常可以解释多种现象；总结是研究者对研究对象运行规律的总结和陈述。虽然现象及其运行规律都是客观的，但是囿于既有的知识结构、观察手段等条件限制，导致人们观察到的现象几乎都是不完整的，在此基础上总结出的规律也是暂时的。例如，人们最早对地心说深信不疑，后来随着科学观测手段的不断进步和科学知识的发展，人们才逐渐转向日心说。从这个角度来讲，人们总结出的规律是主观的，甚至是偏见的，科学史上就发生过无数次基于不同观点的知识大论战。

现象无穷无尽，人们对于现象规律的认知和总结也是无穷无尽的，从这个层面看，理论也是无穷无尽的。所以，学习和掌握理论的难度非常大，我们可以借助一些理论分类规则，帮助研究者更好地把握和理解理论。

---

[1] 郭泽德. 写好论文 [M]. 北京：清华大学出版社，2020：37-42.
[2] 袁方. 社会研究方法教程 [M]. 北京：北京大学出版社，2013.
[3] 范明林，吴军，马丹丹. 质性研究方法 [M]. 上海：格致出版社，2018.
[4] 马尔科姆•沃特斯. 现代社会学理论 [M]. 杨善华，等译. 北京：华夏出版社，2000.

1. 学科化分类标准

工业社会中，社会分工日趋精细，科学知识也不断细化，催生了越来越多的细分学科。在一个学科中，理论和方法是其合法性的重要支柱，如传播学中的议程设置理论、人口学中的推拉理论、社会学中的结构功能理论等，它们不仅丰富了学科的理论体系，更是推动学科发展和建设的核心动力。这种趋势逐渐形成了"理论学科化"的明显倾向。一方面，"理论学科化"不仅促进了理论的建设与发展，丰富了研究现象的多样性，而且推动了理论规律洞察的精细化，使得这些规律的颗粒度更加细微；另一方面，"理论学科化"也导致了学科之间的理论隔阂，理论运用受到学科分化的限制。实际上，现象本身是没有所谓的学科界限的，学科化是人的主观划分。这种划分把现象生硬地切割成了碎片，导致人们认知现象全貌变得愈加困难。建议研究者要同时注意理论的深度和广度，既要深入理解某个理论的编码规则，也要多关注和学习其他理论，尤其是跨学科的理论，这能拓展或改变研究者的观察视角。

2. 理论层次分类标准

按照不同的层次，理论可以分为宏观理论、中观理论、微观理论。宏观理论是指以全部社会现象或各种社会行为为对象，提供一种高度概括的解释框架，如马克思主义理论、达尔文进化论等。这个层次的理论一般都具有划时代意义，"就像一种范式（paradigm），代表那些广泛意义上共享的信念和看法，这些信念涉及世界的起源、本质及运作的基本法则"[①]，对人类的发展进程产生非常大的影响。中观理论是指以某一方面的社会现象或某一类型的社会行为为对象，提供相对具体的分析框架，如社会分层理论、角色理论等。这个层面的理论能够解释社会中某类现象的规律，适用面较广，但它有特定的解释范畴，只适用于某类现象而非全部现象。微观理论是指普通人在日常生活中建立起来的常识。微观理论和宏观理论、中观理论相比，突出特点就是具体性，"只集中于有限的概念，这些概念也只与有限情境下的少数现象有关"[②]。在具体的研究中，研究者与中观理论的接触最为频繁，因为宏观理论过于宽泛，绝大多数的研究者难以驾驭；微观理论又太过简单，缺乏学术研究的价值；相比之下，中观理论在全面性和抽象性上达到了平衡，成为研究者

---

①② 陈晓萍，沈伟. 组织与管理研究的实证方法 [M].3 版. 北京：北京大学出版社，2019.

较为适宜的操作对象。虽说中观理论在层次上比较适合研究者操作，但是不代表中观理论的操作难度低。

3. 理论功能分类标准

在《写好论文》中，笔者依据美国社会学家华莱士（Wallace）的"科学环"逻辑，参考理论在研究中的功能属性，推导出学术研究的四种类型：理论研究、经验研究、演绎式研究和归纳式研究，其中理论研究、演绎式研究和归纳式研究三种研究类型直接和理论相关，但在不同类型的研究中，理论承担的角色和功能完全不同：在理论研究中，理论作为研究对象；在演绎式研究中，理论作为推论的前提，这种类型的理论被称为"演绎主义理论"；在归纳式研究中，理论作为研究目的，这种类型的理论被称为"归纳主义理论"，如图 6-1 所示。理论研究和归纳式研究中的理论是以发展和建构理论为研究目标，是后发的，是目的性的；而演绎式研究中，理论作为推论的前提，是前置的，是工具性的，可以帮助研究者借助现有的资源展开研究。

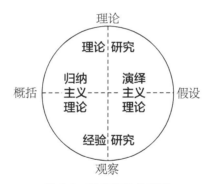

图 6-1　研究理论的类型

除了以上三种分类标准外，还有更多的分类标准和类型，这里不做赘述。

从以上三种分类的描述和分析中可以看出，笔者着重分析的是"综合学科视野下的演绎式研究中的中观理论"。在实际研究中，研究理论本身的研究者不在少数，理论的应用也形成了某种规则和程式，但是依据研究问题匹配合适的研究理论的方法却很少有人涉及，而这又是很多研究者面临的棘手问题。针对这个难题，笔者提出了研究问题匹配研究理论的勾连信号模型，尝试提出一种解决方案。

第二节　模型拆解：勾连信号模型的六个层次

同一个理论可以用来解决不同的问题，同理，解决同一个问题也可以借助不同的理论资源。但一个研究问题究竟是怎么和一个具体理论结合在一起的，这对很多研究者来说是一个颇为棘手的难题。

学术研究是一项科学活动，既然在研究实践中，研究问题能够成功匹配研究理论，那么其中一定藏着某种或明或暗的线索。这些线索充当连接研究问题和理论的桥梁，并会发出不同的"信号"。研究者一旦捕捉到这些"信号"，就预示着研究问题和研究理论有连接的可能，研究者就可以尝试在两者之间进行匹配连接。根据笔者的研究，研究问题和研究理论之间至少存在六种信号类型，并且信号之间还存在强弱关系，基于此，笔者构建了研究问题匹配研究理论的勾连信号模型，如图6-2所示。下面对这六层信号类型进行详细分析。

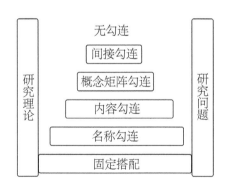

图 6-2　研究问题匹配研究理论的勾连信号模型

一、第一层信号：研究理论和研究问题形成较为固定的搭配关系

所有理论都具有特定的解释范畴，宏观理论和微观理论的主要差别体现在解释范畴的大小上。在一定的解释范畴内，某一理论适用于解释某一类研究问题，两者往往形成较为固定的搭配。这种搭配关系是一种超强信号，当出现某一类研究问题时，就可以直接思考有没有对应的固定搭配理论。

例如，计划行为理论是一个成熟的社会心理学理论。该理论的主要观点是：行为态度（Behavioral Attitude）和主观规范（Subjective Norms）直接影响行为意向（Behavioral Intention），而行为意向则直接决定实际行为。[①]计划行为理论主要通过心理结构，如信仰、态度和意图来解释和预测人的行为决策，为多领域行为意向及行为研究结果提供理论依据，已经成为目前人类行为研究的重要理论之一。[②]计划行为理论和"意愿""行为"类研究问题勾连紧密，两者形成较为固定的搭配。

2023年10月，在中国知网以"计划行为理论"作为关键词，设置"篇名"和"CSSCI"为检索条件，可检索到179篇文献，剔除不符合规则的文献，共得到176篇文献。经过简单统计，在这176篇文献的标题中，"意愿"出现46次，"意向"出现25次，"意图"出现3次，三者共计出现74次；"行为"出现86次。两类关键词一共出现160次，约占所有文献的91%。这些数据可以说明，在实际研究中，计划行为理论与"意愿""意向""行为"等关键词形成较为固定的搭配关系，而这些关键词在标题中多体现在研究维度中，所以计划行为理论多和包含"意愿""意向""行为"等关键词的研究维度勾连。

研究问题和研究理论形成固定搭配关系的不在少数，如前景理论常和"博弈"类问题搭配；社会控制理论常和"青少年犯罪"类问题搭配。但是，研究问题有的偏向和研究维度勾连，有的偏向和研究单位勾连，在实际运用时要注意区分。

二、第二层信号：理论名称和研究问题部分重合，形成名称勾连关系

名称是事物的符号表征，也是事物核心特点的抽象表达。理论名称作为某个理论的表征符号，也是该理论核心特征的抽象。在研究问题结构中，研究单位和研究维度作为研究问题的表征符号，同样代表了研究问题的核心特征。如果研究理论和研究问题在符号表征层面上有交叉，那么可以推测两者存在某些内在联系。

值得注意的是，在论文标题构建中，研究理论、研究单位和研究维度往往同时被提及。如果这些元素在名称上包含重复的概念，可能会导致标题中关键词的重复，

---

① 闫岩.计划行为理论的产生、发展和评述[J].国际新闻界,2014,36(7):113.
② LIM H, DUBINSKY J. The Theory of Planned Behavior in Ecommerce: Making a Case for Interdependencies Between Salient Beliefs[J]. Psychology&Marketing, 2005, 22(10):833-855.

从而干扰阅读的流畅性。因此，许多研究者在制定标题时会刻意避免这种重复，以保持标题的简洁和清晰。尽管研究者通过修辞手段避免了重复，但是研究理论和研究问题内在的联系是确定的。例如，计划行为理论既符合第一层信号规律，也符合第二层信号规律：计划行为理论在名称上和"行为"类研究问题重合，属于名称勾连关系类型。

再举一例。新制度主义理论和"制度"类研究问题在名称上重合，同样属于名称勾连关系类型。2023年10月，在中国知网以"新制度主义理论"作为检索关键词，设置"篇名"和"CSSCI"为检索条件，可检索到23篇文献，剔除不符合规则的文献，共得到18篇文献。在这18篇文献的标题中，"制度"共出现8次，约占所有文献的44%；未出现"制度"关键词的其他标题中，也多含有"国家""政府""院校"等和制度分析相关的研究主体。考虑到研究者会回避重复的因素，再对这些文献的摘要进行分析，首先排除摘要中"新制度主义"关键词后，共有15篇文献的摘要中出现"制度"关键词，占比约为83%。这个数据更清晰地展示了理论和研究问题内在的勾连关系。

三、第三层信号：理论内容和研究问题有交叉，形成内容勾连关系

理论内容和研究问题有交叉，是指单纯地从理论的名称等方面没有发现与研究问题存在明显的勾连线索，但深究就会发现理论内容和研究问题存在着某种联系，该理论非常适合解释该研究问题，它们之间形成了内容勾连关系。

例如，图式理论是认知心理学中的一个重要理论。通过先期的文献梳理，发现图式理论既没有和特定的研究问题形成固定搭配，也没有与研究问题有交叉。从文献分布来看，图式理论被广泛应用于心理学、教育学、图书馆学、管理学等学科中，但其在实际应用中的表现却似乎繁乱无序，缺乏明确的规律。

这时，我们需要更进一步深入到理论中去，了解理论的内涵，看看能不能找到一些有用的线索。图式是哲学家康德在《纯粹理性批判》一书中提出的概念，是指表征人类一般知识的一种心理结构，"它是一种知识框架、计划或脚本，由一般或抽象知识组成，起源于个体先前的知识或经验，用来引导个体进行信息的编码、组织与提取等。"[①] 后来经过皮亚杰、巴特列特等学者的深入研究和推动，图式理论

---

① 焦连志.农民城市化进程中的文化冲突及其解决——图式理论的视角[J].宁夏社会科学，2009(5):75.

被广泛应用于心理学、教育学等多学科研究中。简单概括一下，图式理论是指人们基于以往的经验形成的某种认知结构，这种认知结构又反过来影响人们对其他事物的认知。实际上，在图式理论的内涵中，只要抓住了"认知结构"这个核心概念，也就基本抓住了图式理论的内核。很显然，图式理论和"认知"类的研究问题存在着内在勾连关系。

2023年10月，在中国知网以"图式理论"作为关键词，设置"篇名"和"CSSCI"为检索条件，可检索到200篇文献。这些文献也就是图式理论与具体的研究问题结合的研究成果。通过分析这些文献，可以大致还原出图式理论和"认知"类的研究问题结合的规律。

在200篇文献中，"认知"类的研究问题可以细分为以下几种特定类型的问题。

（1）形象类研究问题。形象是认知的结果和表征，图式理论适用于形象类研究问题，如《英国公众眼中的中国环保形象——基于图式理论的访谈研究》[1]。

（2）语言处理类研究问题。语言是传递信息的载体，语言处理，尤其是外语类翻译过程中的处理是典型的认知类问题，所以图式理论被广泛应用于语言类，尤其是外语类研究中，如《图式理论视域下语言离散机制分析》[2]、《图式理论视域下的汉英会议口译研究》[3]等。

（3）阅读类研究问题。阅读实际上是信息的流动，"阅读行为进行知识吸收的实质即为认知"[4]。在实际研究中，作为认知结构的图式理论经常和阅读类主题相结合。

此外，图式理论在"文化传播"[5]、"可视化"[6]等主题中也有零散的应用。通过对这些文献主体的归纳分析，发现与图式理论勾连的研究问题都与传播相关联，如形象研究属于传播效果研究范畴，语言研究属于传播内容研究范畴，教学研究属

---

[1] 赵莉,叶欣.英国公众眼中的中国环保形象——基于图式理论的访谈研究[J].新闻与传播评论,2021,74(2):118-128.
[2] 张春玲.图式理论视域下语言离散机制分析[J].学习与探索,2017(9):154-157.
[3] 张戈.图式理论视域下的汉英会议口译研究[J].新疆大学学报(哲学•人文社会科学版),2015,43(4):151-156.
[4] 马捷,蒲泓宇,葛岩,等.图式理论视域下的深阅读与知识吸收[J].情报理论与实践,2017,40(11):27.
[5] 焦连志.农民城市化进程中的文化冲突及其解决——图式理论的视角[J].宁夏社会科学,2009(5):75-78.
[6] 王溥,张超.故事深耕与数据再植:数据新闻可视化的管窥与发展——基于现代图式理论视角[J].宁夏社会科学,2021(4):210-216.

于传播方式研究范畴等。

这个案例表明，图式理论和研究问题在内容层面形成勾连关系。这个案例给我们的启示是，如果要解答传播主题相关的研究问题，图式理论是可供选择的理论资源。

四、第四层信号：理论内容和研究问题核心概念矩阵有交叉，形成概念矩阵勾连关系

任何一个概念都由前后左右相互关联的概念构成，形成一个概念矩阵。以"上衣"为例，"上衣"本身是一个独立概念，同时围绕着"上衣"形成了一个概念矩阵，如"衣服"是"上衣"的上位概念，"衣服"的范畴比"上衣"的范畴大，"衣服"包含"上衣"；"衣领"是"上衣"的下位概念，"衣领"的范畴比"上衣"的范畴小，"上衣"包含"衣领"；同时，"上衣"和"裤子""鞋子""帽子"等属于平行范畴，它们都在"衣服"概念的范畴内，但相互之间又有明确区分，它们之间形成平行概念关系，如图6-3所示。

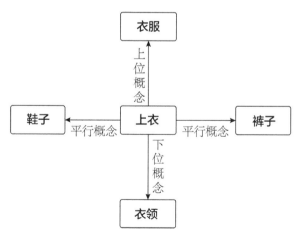

图6-3 "上衣"的概念矩阵

一般来讲，一个概念会有上位、下位和平行三种相互关联的概念关系，学术概念亦是如此。例如，"社会风险"是一个较为常用的学术概念，从概念体系来分析，"社会风险"的上位概念是"风险"；下位概念有很多，如"舆情风险""突发事

件风险""职业风险"等；平行概念也有很多，如"政治风险""技术风险""经济风险"等，如图6-4所示。

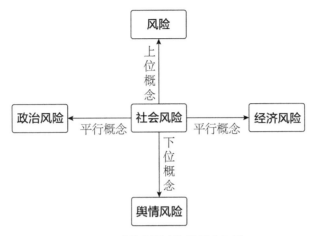

图6-4 "社会风险"的概念矩阵

受概念体系的启发，有时某个理论并不直接和研究问题相关，但是通过进一步分析，发现这个理论和研究问题的核心概念体系产生交叉，这时我们要有所警觉，这是理论和研究问题勾连的重要信号。

根据概念的层次分布，存在如下几种交叉情况。

第一种情况，如果某理论和操作概念的上位概念交叉，那么该理论大概率能够解释操作概念。

第二种情况，如果某理论和操作概念的下位概念交叉，这时候要做更细致的分析。如果该理论的范畴正好和下位概念一致，无法拓展，那么就不能解释操作概念，因为操作概念的范畴要比其下位概念更大；如果该理论在解释下位概念时还有拓展的空间，也可以考虑使用该理论解释操作概念。

第三种情况，如果某理论和操作概念的平行概念有交叉，这时候也要做具体分析，评估平行概念之间的跨越区间有多大。如果跨越区间太大，那么共享理论的概率较小；如果跨越区间较小，那么共享理论的概率较大。

例如，"冲突"是一个范畴较大的概念，可以包括的下位概念有很多，如"政治冲突""社会冲突""文化冲突"等，这些概念之间是平行关系，其中每个概念又包含若干下位概念，如"社会冲突"包括"群体性事件""突发公共事件""社会治理"等概念。根据第四层信号原则，"冲突"类研究问题和冲突理论结合较为密切，那么按照上下位概念关系，冲突理论大概率也能用于解释"冲突"的下位概念，如《社会冲突理论视阈下的网络突发事件的发生机理及治理创新》[①]一文就是将社会冲突理论与网络突发事件进行了关联。

再看一个案例。"越轨"和"校园欺凌"也是一对上下位关系概念，在《社会控制理论视角下中学生校园欺凌成因及预防对策研究》一文中，作者在阐述理论适用性时写道："社会控制理论适用于犯罪和越轨行为研究，而校园欺凌行为是一种违反校园规范的行为，也是一种违反社会规范，乃至触犯法律的犯罪行为。因此，将社会控制理论应用于校园欺凌研究具有可行性。"[②] 由此可见，利用概念间的上下位关系实现理论和研究问题的勾连，是实际研究中常用到的匹配策略。

五、第五层信号：研究理论和研究问题核心特征相通，形成间接勾连关系

通过现有文献分析，发现某个研究理论和某类研究问题之间并没有直接的匹配关系，但是通过类比分析，发现我们关注的这个研究问题和这个理论已经匹配过的研究问题，在核心特征上具有相通性，这时候可以考虑把这个研究理论迁移过来，应用于我们关注的研究问题上。也就是说，某个研究理论和某个研究问题之间并没有直接勾连，但是通过内在的逻辑线索，可以找出它们之间的关联点，这种情况下两者之间形成间接勾连关系。

例如，推拉理论是研究人口迁移的典型理论，一般用来研究影响人口迁移的因素。随着理论的逐渐发展和完善，推拉理论的应用领域也逐渐扩大。根据现有文献分析，推拉理论的应用领域包括城乡人口流动[③]、大学生就业[④]、人才流动[⑤]、跨

---

① 李玉娟. 社会冲突理论视阈下的网络突发事件的发生机理及治理创新 [J]. 西南民族大学学报（人文社科版），2015(5):170-174.
② 李玲,张兵娟,王涵. 社会控制理论视角下中学生校园欺凌成因及预防对策研究 [J]. 中国电化教育，2018(8):1.
③ 李强. 影响中国城乡流动人口的推力与拉力因素分析 [J]. 中国社会科学，2003(1):125-136, 207.
④ 赵卫华. 居住压力与居留意愿——基于北京外地户籍大学毕业生的调研分析 [J]. 江苏社会科学，2018(2):31-40.
⑤ 黎庆兴,李德显. 推拉理论视域下高校人才流动困境及其治理路径 [J]. 江苏高教，2021(10):46-52.

地旅游[①]等，涉及的维度有融入、流动、意愿、影响因素等。综合分析来看，推拉理论的适用场景就是某类人群的流动动机，现有的研究基本都是围绕着真实空间内的流动现象，那么如果延伸一下，推拉理论是否可以应用于"现实—虚拟"空间的流动或者纯粹虚拟空间的流动呢？《四力博弈推拉理论框架下跨屏行为影响因素研究》[②]一文主要研究网络用户在虚拟空间中的跨屏行为，其将推拉理论的应用场景由现实扩展到虚拟，开启了推拉理论新的应用场景。从这个案例分析可以看出，本来"跨屏行为"研究和推拉理论没有直接勾连关系，但是通过核心特征的类比，发现"跨屏行为"也属于流动范畴，和推拉理论是可以结合的，而且两者的结合还是一种比较创新的应用。"跨屏行为"和推拉理论之间就形成了间接勾连的关系。

六、第六层信号：研究理论和研究问题差异较大，形成无勾连关系

在实际研究中，研究问题多种多样，研究理论的数量也非常多，那么随机选取的一个研究问题和研究理论的差异性非常大，甚至在已有文献中两者从未有过结合，这也是大概率的事。这种情况下，研究理论和研究问题形成无勾连关系。实际上，无勾连关系形成的因素非常多，比如研究问题属于经验性研究，不需要理论资源的关照；研究对象属于初级的描述研究，还未进入借助理论资源进行深入研究的阶段；某理论的解释范畴非常固定，只和特定的研究问题相结合等。

那么，研究理论和研究问题形成无勾连关系，是不是对我们的研究就毫无价值呢？答案是否定的。第一，即使研究理论和研究问题当下是无勾连关系，但并不意味着完全不能匹配，如果能发现研究理论和研究问题内在的相通性，把两个看起来毫无关联的要素进行有序、合理的结合，那么就会形成非常创新的研究设计方案；第二，研究理论和研究问题无勾连关系可能是暂时的，随着对研究问题的深入探究和理解，对研究问题的认知更加深刻，这时候也许就会出现匹配的可能性；第三，研究理论本身的解释范畴其实也是变动的。在研究实践中，研究者既可以直接应用理论原有的概念范畴，也可以对理论进行适用化加工，改变理论原有的概念范畴，

---

① 丁蕾,赵倩倩.旅外华人赴华旅游的动机——"推—拉"理论的视角[J].华侨大学学报(哲学社会科学版),2020(6):43-55.
② 贺彩云,胡蓉,邓小昭.四力博弈推拉理论框架下跨屏行为影响因素研究[J].现代情报,2022,42(8):85-95.

经过改造的理论就有可能和研究问题产生勾连。所以，研究理论和研究问题的无勾连关系并不是全无价值的，如果利用得当，反而会成为创新来源。

例如，在《"世纪潮一代"的网络社会资本重构：对比在英流寓华人Facebook和微信的数字化融入》[①]一文中，作者通过文献综述分析道：虽然"网络传播在离散群体的作用"的相关研究非常丰富，"但忽视了对社会资本如何被'世纪潮一代'离散群体网络传播中使用、投入以及进一步发展的研究"。正是基于这一点，作者在帕特南提出的社会资本概念的基础上，适用化改造了"社会资本"，提出"两级社会资本分析"框架，用以解决作者关注的研究问题。作者通过对研究问题的洞察，对"社会资本"改造后，将理论要素和研究问题巧妙结合，在研究设计上非常创新。

为了帮助读者更好地理解研究问题匹配研究理论的勾连信号模型，笔者整理了中文核心期刊常用的100个理论资源（见表6-1）和35个常用的理论关联的问题类型（见表6-2），供读者参考学习。

▶ 表6-1 中文核心期刊常用的100个理论资源

序号	理论名称	序号	理论名称	序号	理论名称	序号	理论名称	序号	理论名称
1	创新扩散理论	9	极化理论	17	社会认同理论	25	镜像理论	33	隐喻理论
2	委托代理理论	10	解释水平理论	18	脱域理论	26	操控理论	34	政策网络理论
3	自我决定理论	11	资源依赖理论	19	新制度主义理论	27	表演理论	35	冲突理论
4	公共选择理论	12	依恋理论	20	议程设置理论	28	社会记忆理论	36	补偿性消费理论
5	凝视理论	13	景观理论	21	公共领域理论	29	仪式理论	37	自我损耗理论
6	符号互动	14	"认知—情感—意动"理论	22	国家能力理论	30	具身认知理论	38	租差理论
7	"根植性"理论	15	信任理论	23	一般均衡理论	31	场景理论	39	高阶理论
8	后喻文化	16	制度同构理论	24	狂欢理论	32	拟剧理论	40	共生理论

---

① 赵瑜佩."世纪潮一代"的网络社会资本重构：对比在英流寓华人Facebook和微信的数字化融入[J].国际新闻界,2018(3):40-62.

续表

序号	理论名称	序号	理论名称	序号	理论名称	序号	理论名称	序号	理论名称
41	赋权理论	53	需求层次理论	65	社会支持理论	77	投票理论	89	信息生态理论
42	行动者网络理论	54	交往行为理论	66	社会网络理论	78	活动理论	90	内隐理论
43	图式理论	55	效用理论	67	增权理论	79	S-O-R理论	91	框架理论
44	期望地位理论	56	激励理论	68	可行能力理论	80	从属性理论	92	社会学习理论
45	嵌入理论	57	全景敞视理论	69	增能理论	81	社会控制理论	93	三螺旋理论
46	互动仪式链理论	58	偏差行为理论	70	风险社会理论	82	推拉理论	94	创伤理论
47	集体行为理论	59	交易成本理论	71	归因理论	83	角色分析理论	95	涌现理论
48	产品空间理论	60	生命历程理论	72	协同治理	84	内卷化效应	96	计划行为理论
49	场域理论	61	社会认知理论	73	文化堕距理论	85	集体行为理论	97	共同体理论
50	社会嵌入理论	62	理性选择理论	74	内生发展理论	86	女性主义理论	98	生命周期理论
51	沉浸理论	63	第三人效应理论	75	社会生态系统理论	87	社会互赖理论	99	心流理论
52	空间理论	64	期望理论	76	主体间性理论	88	前景理论	100	补偿性控制理论

▶ 表6-2 35个常用的理论关联的问题类型

序号	理论名称	主要关联要素	问题类型	信号层次	关键词
1	创新扩散理论	研究维度	扩散类	1、2	创新、推广、传播等
2	公共领域理论	研究维度	公共性	1	公共性建构、参与、转型
3	赋权理论	研究单位	弱势群体	3	妇女、老年人、乡村
4	社会认知理论	研究维度	影响机制	3	影响因素、影响机制
5	社会控制理论	研究单位	越轨行为	4	欺凌、犯罪、救助
6	委托代理理论	研究单位	信息不对称	3	组织、治理
7	国家能力理论	研究单位	公共政策	3	政府、组织、改革
8	行动者网络理论	研究维度	多主题网络	4	组织、技术、政策

续表

序号	理论名称	主要关联要素	问题类型	信号层次	关键词
9	推拉理论	研究单位	人员流动	3	流动、就业、旅游
10	推拉理论	研究维度	驱动因素	3	流动、融入、意愿、行为
11	镜像理论	研究单位	自我认知不清晰	3	作品、战略
12	嵌入理论	研究维度	社会网络	1	网络、结构、模式
13	社会支持理论	研究单位	帮助弱势群体	1	失独、困难、农民工
14	集体行为理论	研究单位	集体行为	4	舆情、心理
15	互动仪式链理论	研究单位	微观互动	3	情感、冲突、网络
16	"根植性"理论	研究单位	本地化	3	产业集群、公共服务
17	社会互赖理论	研究维度	群体关系	1	共同体、合作模式
18	可行能力理论	研究单位	选择空间	1	福利、贫困、幸福
19	前景理论	研究维度	个体的收益和损失	3	选择、行为、博弈
20	极化理论	研究单位	（经济、地位等）差距悬殊	4	区域发展、政治、群体
21	场域理论	研究单位	关系网络空间	5	场、关系
22	信息生态理论	研究单位	信息系统	4	舆情、数字化
23	解释水平理论	研究维度	对事物的不同抽象水平	4	效果、影响、态度
24	具身认知理论	研究维度	认知与身体的不可分离性	3	培养、教育、效果
25	风险社会理论	研究维度	风险主导	2、3	风险、挑战
26	资源依赖理论	研究单位	生存发展依赖外部组织	5	组织发展
27	归因理论	研究单位	根据行为判断意图	5	行为—原因
28	框架理论	研究维度	认知图式	1	形象、结构
29	依恋理论	研究单位	情感关系	5	行为—机制
30	拟剧理论	研究维度	舞台表演	1	呈现、模式
31	产品空间理论	研究维度	产业能力外显	1	产业转型、产业升级
32	社会学习理论	研究单位	认知、行为与环境因素对人的影响	5	行为—影响要素
33	三螺旋理论	研究单位	"大学—产业—政府"关系	4	大学、产业、产学研
34	政策网络理论	研究单位	政策执行	2	政策执行、政策评估
35	活动理论	研究单位	活动要素分析框架	5	活动、共同体

第三节 模型应用：来自研究者自身的影响

在模型拆解部分，我们探讨了研究理论和研究问题勾连的逻辑，但在实际运用中还有一个非常重要的影响因素——研究者本身，即研究者对理论的了解程度。基于客观和主观两个维度，笔者构建了距离（Distance）和熟悉度（Familiarity）两个指标，用以评估理论的存在状态。下面对这两个指标进行简要说明。

距离，是指研究理论和研究问题的结合程度，具体可以通过"是否存在使用某个理论来解释某个问题的案例"以及"两者具体的勾连方式"进行判断，参考勾连信号模型中的信号类型进行相应赋值。

熟悉度，是指研究者对某些理论的熟悉程度，这属于主观维度。研究者对某个理论越熟悉，将其用来解决研究问题的概率就越大；相反，如果研究者不熟悉，甚至根本不知道某个理论，使用这个理论解决某个具体问题的概率就越小。

根据研究者对某个理论的了解程度，熟悉度可分为精通、熟悉、知道、不知道四个层级。

- 精通：指研究者不仅知道某些理论，而且对理论的起源、脉络、框架以及解释范畴等细节都非常了解，能够非常娴熟地使用这个理论。
- 熟悉：指研究者对某些理论比较熟悉，但还未达到娴熟使用的程度。
- 知道：指研究者仅仅知道某些理论的存在，但是对理论的细节不够了解。
- 不知道：指研究者根本没有接触过某理论。

研究者对理论的熟悉度直接决定了研究者对理论资源的调取能力。通常来讲，面对特定问题，研究者首先倾向于选择自己熟悉和了解的理论；对于仅知道但不了解的理论，研究者必须做出针对性的研究，达到熟悉或精通之后才能应用；对于超出视野之外的理论资源，则研究者几乎不会选用。

以距离为横轴、熟悉度为纵轴，构建的"距离—熟悉度"模型如图6-5所示。"距离—熟悉度"模型中的四个区域，分别代表着不同的研究理论和研究问题状态，以及研究者的实操路径。

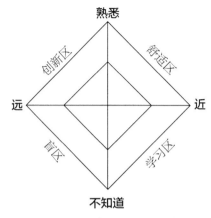

图 6-5 "距离—熟悉度"模型

1. 舒适区

舒适区是指研究者精通或熟悉的理论恰好被用于解决某个研究问题，理论资源和研究问题都在研究者关注的范畴内。

2. 学习区

学习区是指研究者不知道的某个理论曾被用于解决某个研究问题，研究者要在研究问题的指引下，关注和学习相关理论。

3. 盲区

盲区是指研究者不了解，甚至不知道的某个理论，并且这个理论与他当前思考的研究问题从未有过交集，研究者缺乏接触该理论的线索。

4. 创新区

创新区是指研究者精通或熟悉的某个理论，但这个理论尚未被应用于解决他当前思考的研究问题。如果能找到这个理论与研究问题的结合点，那么就容易形成新的研究视角，甚至产出创新性成果。

"距离—熟悉度"模型不仅是对研究问题匹配研究理论的勾连信号模型的拓展和深化，而且也为众多研究者，尤其是初学者指明了理论提升的路径。

当前，许多研究者的理论状态处于"盲区"，这主要归因于研究者本身理论资源的匮乏和理论素养的不足。这种状态导致研究者提出的研究问题是孤立的、单薄的，使得研究理论和研究问题难以进行深度匹配。这时，研究者要做的是努力从"盲区"跨越到"学习区",以研究问题为指引,通过研读相关文献,积累基础理论资源,逐步提升自己的理论素养。随着积累的增多,研究者将进入"舒适区",对某类问题所勾连的理论非常熟稔,成为某个领域的中坚力量。然而,这并非终点,研究者会利用已掌握的理论资源和理论素养,进一步拓展之前关注的研究问题,甚至开拓其他领域的新问题。此时,研究者已进入某个领域的"无人区",为该领域注入更多的创新元素,并活跃在"创新区"。

第四节　AI 辅助下的模型实操与案例拆解

案例 6-1：AI 辅助分析研究理论和研究问题的搭配关系

我们选取表 6-2 中的政策网络理论作为案例进行分析。具体的实操方法如下。

第一步,在中国知网,以"政策网络理论"作为检索关键词,设置"篇名"和"CSSCI"为检索条件,然后在检查结果中剔除以政策网络理论为研究对象和其他不相干的检索结果。

第二步,导出选定论文的标题、摘要、关键词等信息。

第三步,将导出的论文信息"投喂"给 AI 工具,输入指令,进行分析。

指令：

以上是关于政策网络理论的论文信息。请你对这些材料进行分析,分析内容为：政策网络理论和研究问题的搭配关系属于哪种类型,并总结政策网络理论适用的研究问题类型。相关解释见【　】中内容。【在进行研究设计时,研究问题和研究理论形成五种搭配关系。第一种：固定搭配关系。某一理论适用于解释某一类研究问题,二者往往形成较为固定的搭配。如果某理论的论文标题中有 50% 以上使用了某统一概念,即可以视为固定搭配关系。例如,计划行为理论和"意愿""意向"等关键词形成固定搭配关系。第二种：名称勾连关系。如果研究理论和研究问题在关键词上部分重合，也意味着形成较为固定的搭配关系。例如，新制度主义理论和"制度"类研究问题在名称上重合，在研究设计上也是形成搭配关系。第三种：内容勾连关系。单纯地从理论的名称等方面没有发现与研究问题存在明显的勾连线索，但深究就会发现理论内容和研究问题存在着某种联系，该理论非常适合解释该研究问题，它们之间形成了内容勾连关系。例如，图式理论被广泛应用于心理学、教育学等学科中，但其在实际应用中的表现看似繁乱无序，缺乏明确的规律。图式理论的核心概念是"认知结构"，"认知"类的研究问题存在着内在勾连，"认知"类的研究问题包括形象类研究问题、语言处理类研究问题、阅读类研究问题等，如《英国公众眼中的中国环保形象——基于图式理论的访谈研究》。第四种：概念矩阵勾连关系。一个概念会有上位、下位和平行三种相互关联的概念关系，学术概念亦是如此。例如"社会风险"是一个较为常用的学术概念，从概念体系来分析，"社会风险"的上位概念是"风险"；下位概念有很多，如"舆情风险"等；平行概念也有很多，如"政治风险"等。有时某个理论并不直接和研究问题相关，但是通过进一步分析，发现这个理论和研究问题的核心概念体系产生交叉，这是理论和研究问题勾连的重要信号。例如，"越轨"和"校园欺凌"也是一对上下位关系概念，应用于"越轨"的理论也适用于"校园欺凌"。第五种：间接勾连关系。某个研究理论和某个研究问题之间并没有直接勾连，但是通过内在的逻辑线索，可以找出它们之间的关联点，这种情况下两者之间形成间接勾连关系。例如，推拉理论用来研究影响人口迁移的因素，《四力博弈推拉理论框架下跨屏行为影响因素研究》一文中将推拉理论应用于网络用户在虚拟空间中的跨屏行为，本来"跨屏行为"研究和推拉理论没有直接勾连关系，但是通过核心特征的类比，发现"跨屏行为"也属于流动范畴，和推拉理论是可以结合的，"跨屏行为"和推拉理论之间就形成了间接勾连的关系。】

AI 答：

政策网络理论在以上所提到的不同论文中被用于分析和解释不同的研究问题。这些问题涉及外资政策、异地高考政策、保障性住房政策和地方政府政策评估等多个领域。根据前文提供的五种搭配关系，我们可以分析这些情况的适用性。

1. 固定搭配关系：政策网络理论并没有与某一特定概念形成超过 50% 的搭配比例，因此不属于这一类别。

2. 名称勾连关系：政策网络理论和研究对象在关键词上的重合，如"政策"，在这里可以看到这样的关系。

3. 内容勾连关系：从这些论文摘要来看，政策网络理论的核心概念和每一篇研究中的特定政策问题存在某种联系。例如，政策网络理论被用于解释外资政策、异地高考政策等。这些领域看似不同，但都涉及政府政策的制定、执行和影响。

4. 概念矩阵勾连关系：此处没有直接的上下位或平行概念关系，所以不适用于这种类型。

5. 间接勾连关系：政策网络理论和上述研究问题之间并没有直接勾连，但通过政策的内在逻辑线索，找到了它们之间的关联点，形成间接勾连关系。

总的来说，政策网络理论与研究问题的搭配关系主要属于名称勾连关系、内容勾连关系和间接勾连关系。这些搭配关系展示了政策网络理论对于分析不同类型的政府政策的广泛适用性，尤其是在揭示政策制定和执行过程中各方之间的关系、互动以及政策变迁的动态过程方面。政策网络理论适用的研究问题类型主要涉及政府政策的形成、执行、变迁以及政策网络中的各个参与者之间的互动关系。

根据指令，AI 工具进行了资料分析，并认定政策网络理论与已发表的研究成果中的问题存在三种主要的搭配关系：名称勾连关系、内容勾连关系和间接勾连关系。与我们在表 6-2 中提炼的单一搭配关系相比，AI 工具的分析结果更为细致和深入。此外，这一分析也加深了我们对该理论的理解，帮助我们明确了其适用范围和界限。

案例 6-2：AI 辅助根据研究问题匹配合适的研究理论

将研究问题与适宜的研究理论进行匹配既可简单，也可复杂。简单之处在于，如果研究问题和研究理论都在研究者的舒适区内，那么匹配过程相对容易；然而，如果研究问题和研究理论处于研究者的非舒适区，匹配过程便变得复杂，此时需要研究者对研究问题和研究理论有更深层的学习和理解。

虽然 AI 工具能在匹配过程中提供帮助，但它不能完全代替研究者对研究问题和研究理论进行深入学习和理解。考虑到研究问题和研究理论的复杂性——不仅数量众多，而且表述多样，为了有效解决匹配的难题，笔者在此提供三种参考思路，供研究者参考和选择。

例如，我们关注到了"大学生课堂上沉默不语，不积极参与课堂互动"的现象，想探讨的研究问题是"为什么大学生课堂上沉默不语？"。下面以此作为分析案例，来展示不同思路的执行路径。

思路一：以中文核心期刊常用的 100 个理论资源（见表 6-1）为框架进行匹配。

表 6-1 是笔者根据中文核心期刊数据，整理出来的 100 个理论资源。这 100 个理论构成一个微型理论数据库，可以借助 AI 工具针对具体的研究问题，匹配其中的具体研究理论。当然，只有研究理论的名字是不够的，笔者对这 100 个理论内容进行了整理，形成了数万字的 PDF 文档。笔者将此文档上传到 AI 工具，然后再通过指令，进行研究问题和研究理论的匹配。

指令：

我是一名二年级在读博士生，所学专业是教育学。请你担任我的博士生导师。我目前准备撰写一篇学术论文，需要你的指导。我关注的研究问题是"为什么大学生课堂上沉默不语？"，需要匹配合适的研究理论。请你根据文档内容，帮我匹配适合的研究理论，并说明理由。

AI 答：

根据文档内容，针对你的研究问题"为什么大学生课堂上沉默不语？"，以下是一些可能适合的研究理论及其理由。

1. 社会学习理论

社会学习理论（Social Learning Theory）：这一理论强调个体通过观察和模仿他人在社会互动过程中的行为来学习。在探讨大学生课堂沉默的背景下，社会学习理论可以帮助理解学生如何通过观察同伴的行为（如沉默不语）和反应（如老师对发言者的反馈），从而调整自己的课堂参与行为。

2. 自我决定理论

自我决定理论（Self-Determination Theory，SDT）：该理论强调自主性、能力感和归属感对个体动机和个人发展的重要性。大学生在课堂上沉默可能与他们感受到的自主性不足、能力感缺失或社群归属感低下有关。通过自我决定理论，可以分析和理解影响学生课堂参与度的内在动机问题。

3. 集体行为理论

集体行为理论（Collective Behavior Theory）：文档中提及的理论之一，这一理论研究人们在群体中的行为模式，特别是在没有明确规则指导的情况。大学生在课堂上的沉默行为可能受到集体行为模式的影响，即他们可能因为感受到的集体气氛或群体压力而选择保持沉默。这一理论可以帮助研究者探讨课堂环境中群体动态如何影响学生的发言意愿。

这些理论提供了多元化的视角来理解和解释大学生的课堂沉默行为。你可以根据你的研究焦点和研究方法选择其中一个或多个理论进行结合和运用。

思路一的优点和缺点都非常明显。优点是：提供的理论资源真实有效，同时提供了具体的理论内容。在此基础上，根据研究问题匹配出来的研究理论的可信度就比较高，AI 工具提供答案的实用性也较强。缺点是：100 个理论资源的数量太少了，鉴于理论资源的数量本身非常庞大，限制在这 100 个理论之内进行匹配，可能会遗漏许多其他的可能性。

思路二：利用青泥学术平台的理论资源进行研究理论匹配。

青泥学术平台提供了一个"研究理论"功能，可以根据关键词，智能匹配研究理论，如图 6-6 所示。

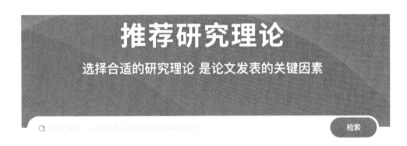

图 6-6　青泥学术平台的"研究理论"功能页面

青泥学术平台收集了数千个理论资源，并对理论的概念、相关期刊、相关文献以及国家级基金相关项目信息都做了整理，对理论的描述非常全面、立体。

在青泥学术平台中，根据研究问题匹配研究理论也非常简单，只需在图 6-6 中输入研究问题的关键词，系统就会根据特定的算法进行研究理论匹配。例如，对于示例研究问题"为什么大学生课堂上沉默不语？"，可以抽取"课堂沉默""沉默""课堂"作为关键词，匹配结果如下。
- 以"课堂沉默"作为关键词，匹配的研究理论是内隐理论。
- 以"沉默"作为关键词，匹配出包含内隐理论在内的9个理论，如图6-7所示。
- 以"课堂"作为关键词，匹配出包含内隐理论在内的43个理论。

图 6-7　以"沉默"作为关键词的匹配结果

这些理论可以作为备选理论资源。

同样，思路二的优点和缺点也非常明显。优点是：扩大了理论范畴，提供了更多的可能性，同时匹配思路是基于已有文献数据，两者关联性更强，匹配效果更高。缺点是：只能通过关键词进行匹配，本质上还是数据检索行为，智能化水平不高。另外，虽然青泥学术平台收集了数千个理论资源，但是对于庞大的理论数量而言，数千个理论数据还是太少了。

思路三：利用 AI 大语言模型进行匹配。

AI 大语言模型拥有数量庞大的数据库。我们可以基于 AI 大语言模型的数据库，尝试进行研究问题和研究理论的匹配。下面展示基于示例研究问题的匹配思路。

指令：

我是一名二年级在读博士生，所学专业是教育学。我目前准备撰写一篇学术论文，请你担任我的博士生导师，指导我进行选题工作。我关注的研究问题是"为什么大学生课堂上沉默不语？"，需要匹配合适的研究理论。请按以下步骤进行：第一步，请先列出教育学中常用的 50 个理论，输出表格，第一列为理论中文名称，第二列为理论英文名称，第三列为对理论的简单解释，第四列为用来解决的问题类型，第五列为经常搭配的关键词；第二步，根据研究对象从以上 50 个研究理论中选取三个最合适的研究理论进行匹配，并给出匹配的理由。

AI 答:

下面是教育学中一些常用的理论，列举了 50 个，如表 6-3 所示。当然，教育学是一个广泛且复杂的领域，这里涵盖的理论可能无法详尽反映所有可能的方向。

第一步：列举教育学中 50 个常用的理论并以表格形式输出。

▶ **表 6-3　教育学中 50 个常用的理论**

理论中文名称	理论英文名称	对理论的简单解释	用来解决的问题类型	经常搭配的关键词
行为主义理论	Behaviorism	通过观察和改变可观察的行为来理解学习	学习过程、教育干预	刺激、反应、强化
发展阶段理论	Developmental Stage Theory	描述和解释个体成长、发展和学习的过程	儿童发展、教育策略	派捏、认知、社交
建构主义理论	Constructivism	学生通过互动和实践自己构建知识	探索性学习、学习策略	发现、创造、合作
……	……	……	……	……
多元智能理论	Multiple Intelligences Theory	认为有多种类型的智能，而非一种统一的智能	学习风格、教育定制	智能、多样性、潜能
社会学习理论	Social Learning Theory	人们通过观察、模仿和模型学习社会行为	社交技能、群体互动	观察、模仿、社交
情感智慧理论	Emotional Intelligence Theory	情感智慧是指个体识别、使用、理解和管理自己与他人情感的能力	人际交往、领导力培养	情感、智慧、共情

第二步：根据研究对象匹配三个最合适的研究理论，并给出匹配理由。

以下是我针对您的研究对象"大学生课堂沉默现象研究"所选择的三个最合适的研究理论，以及匹配的理由。

1. 社会认同理论（Social Identity Theory）

匹配理由：此理论解释了个体如何在特定的社交情境中塑造和理解自己的身份。大学生的课堂沉默可能与他们在课堂社交环境中的角色和身份有关。

2. 沉默螺旋理论（Spiral of Silence Theory）

匹配理由：这个理论是对社交环境中沉默现象的特别关注，解释了人们为什么在有争议或不受欢迎的观点上保持沉默。这可能是探究大学生课堂沉默的直接途径。

3. 情感智慧理论（Emotional Intelligence Theory）

匹配理由：如果大学生的课堂沉默与情感因素有关，如害怕、紧张或不安全感，则此理论可以提供理解和解决沉默现象的框架。

请注意，这些匹配可能需要根据具体的研究背景和研究问题来调整。在实际选择理论时，与您的导师和同行专家进行深入讨论可能会更有帮助。

尽管 AI 大语言模型依赖于庞大的数据库，但在执行匹配任务时，其优势和局限性仍然并存。其优势表现在：扩展了理论资源的范围，减少了遗漏理论的风险，并能够根据内在的逻辑关系对研究问题与研究理论进行有效匹配。局限性在于：AI 大语言模型提供的答案质量极度依赖于用户给出的指令，这使得理论使用门槛相对较高。此外，即便是相同的指令，AI 大语言模型每次给出的答案可能都不同，这导致无法保证最优结果，同时 AI 大语言模型还存在编造信息的潜在风险。

虽然这三个思路各自有其优点和缺点，并不完美，但它们也带来了一些意外的发现。例如，思路二和思路三则共同匹配到了社会认同理论。这两种理论与所研究的问题的匹配度更高，虽然这并不能直接决定选择哪个研究理论，却大幅缩小了选择范围，为研究者提供了有价值的参考。基于这些发现，研究者应深入学习和研究这些匹配到的理论，以决定它们是否能有效解释所研究的问题。

第五节　本章练习

1. 熟悉和理解研究问题匹配研究理论的勾连信号模型的逻辑，为每一种信号类型匹配一个具体案例。

2. 参考表 6-2 的思路和逻辑，在表 6-1 中选择 10 个理论，分析其关联的问题类型。

3. 选择一个具体理论，借助 AI 工具，分析该理论勾连的研究问题的类型以及两者的搭配关系。

4. 根据自己的实际研究问题，通过多种思路，为研究问题匹配合适的研究理论。

第七章
适配研究方法的画布模型

  本章深入探讨了研究方法的发展脉络，从实证主义的兴起到计算社会科学的创新，揭示了研究方法的演变与时代精神的紧密联系。本章还分析了影响研究方法选择的六大要素，包括研究问题、研究逻辑、研究目的、研究样本、研究情境和研究者个性，为读者提供了一个全面的理论框架。本章不仅通过适配研究方法的画布模型，展示了如何根据样本量和研究情境做出明智的选择，还通过 AI 辅助应用实操案例，展示了现代技术在研究方法选择中的应用，旨在引导读者掌握选择研究方法的要诀，激发读者在学术探索中运用这些方法的热情。

第一节 模型背景：研究方法发展的历程

奥古斯特·孔德在社会科学领域被众人所知，不仅是因为他首创了社会学这一社会科学学科，更是因为他提出了实证主义的哲学观念。该观念是西方哲学由近代转入现代的重要标志之一。

就当前研究而言，实证主义方法呈现以下四个主要特征。

（1）经验性：认为知识来源于经验，并且要经过经验的检验。

（2）量化技术：以数学和统计为常规研究手段。

（3）假设检验：通过对理论的"证实"或"证伪"来检验理论。

（4）结构化：研究的每个程序都有明确的要求。

实证主义为社会科学研究提供了全新视角，但在其他思潮的影响下，实证主义观念遭到了越来越多的质疑和反对，形成了不同于实证主义的"非实证主义"学派，代表人物是德国社会学家马克斯·韦伯。韦伯认为社会科学和自然科学存在本质上的差异，因为人的行为过于复杂，不能直接搬用自然科学的方法用以研究社会现象。韦伯受狄尔泰阐释学的启发，在承认实证主义进步性的前提下，提出了实证研究的阐释主义方法论，并使这种方法论在逻辑上更加自洽且具有操作性。

阐释主义方法与实证主义方法相比，呈现出四个截然不同的特点。

（1）客观性：不追求所谓客观规律，希望对社会现象进行"理解"。

（2）非量化：强调对社会现象进行"理解"，"意义"很难量化，不主张量化技术。

（3）不做假设：认为不存在客观的规律，假设的前提就不存在，直接对研究对象进行分析。

（4）半结构化：既保持一定的结构性，同时也是开放的，以挖掘"意义"为目标。

实证研究中的阐释主义方法论成为质性研究方法的核心哲学基础。相比之下，质性研究和将实证主义视作其哲学基石的量化研究，逐渐演变为实证研究领域中两个最为主要的研究范式。然而，由于对这两种范式的不同理解和认识，选择不同研究范式的研究者们陷入了持续并深入的学术争论之中，这种争论在某些时候甚至呈现出严重的对立态势。为了突破这种"二元对立"的研究思维模式，有研究者提出了混合研究方法的新思路。这种混合研究方法借鉴了实用主义的哲学观念，力求在一个研究框架下融合量化和质性的研究策略，从而更有效地达到研究的目标。

混合研究方法主要呈现以下几个特点。

（1）同时收集量化数据和质性数据。混合研究认为量化数据和质性数据是两种不同的数据类型，但是拥有同等重要的地位，所以在研究中不应该抹杀任一类型数据的重要性，而是充分发挥各自的优势。

（2）有效整合量化数据和质性数据。有效整合文本数据和数字数据是混合研究方法的一个难题，为此，混合研究方法设计出了多种数据整合方案，常用的方案如聚敛式设计、解释性序列设计、探索性序列设计等。

（3）以理论框架为基础。混合研究设计一定是基于某种研究视角提出来的，而最为常用的视角就是社会科学研究中已经得到广泛认同的理论框架，或者是基于研究者价值观和信念的哲学视角。

混合研究方法有效弥合了量化和质性两种研究范式的冲突，通过科学的研究设计，统一两种研究范式为同一个研究目的服务，丰富了研究手段，提升了研究效果，但是其视角仍基于社会科学本身。20世纪末，随着计算机及通信技术的发展，人类由工业社会快速进入信息社会，信息技术不但影响着人们的日常生活，也对科学研究思维和传统产生了颠覆式影响。2009年2月，哈佛大学学者David Lazer联合信息科学、社会科学领域十余名学者在《科学》杂志上发表了文章《计算社会科学》，提出利用互联网数据和方法来研究人类社会行为和社会运行规律等社会科学问题的思想框架，并将这种研究路径称为"计算社会科学"。计算社会科学突出的特点是跨学科、多范式融合，是定性—定量传统、相关—因果传统、社会科学与自然科学竞争与融合的产物。有学者认为：计算社会科学会引发社会科学的一场革命，即社会科学的计算路径有潜力为社会科学共同体接受，从而成为一种在社会科学研究中有竞争力的研究范式。[①] 计算社会科学的大幕刚刚开启，人们对计算社会科学的认知还处于启蒙阶段，但是计算社会科学对社会科学研究方法的重构是毋庸置疑的。

---

① 张小劲,孟天广. 论计算社会科学的缘起、发展与创新范式 [J]. 理论探索, 2017, 228(6):38.

第二节　研究方法影响要素

在上一节中，我们对研究方法的发展轮廓进行了简要勾勒。然而，研究方法并非简单的线性发展，它实际上是一个错综复杂的知识网络，如图7-1所示。

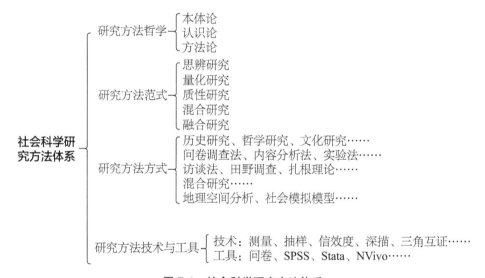

图 7-1　社会科学研究方法体系

具体来看，社会科学研究方法体系可以细分为四个层次：研究方法哲学、研究方法范式、研究方法方式、研究方法技术与工具。其中，研究方法哲学和研究方法范式是抽象的、复杂的。相对的，研究方法方式、研究方法技术与工具则是具体的、可操作的。在实际研究中，我们需根据研究问题选择适当的路径。然而，研究方法技术与工具作为更微观的部分，其选择是基于研究方法方式的决策。因此，在任何研究中，核心任务是依据研究问题选择合适的研究方法方式。

研究方法方式的每种具体路径不仅有其特定的内涵和适用范畴，同时也受到诸多要素的影响。笔者研究了大量文献资料，总结出六个影响研究方法选择的关键要素，分别是研究问题、研究逻辑、研究目的、研究样本、研究情境和研究者个性。

1. 研究问题

研究问题是一项研究的起点和核心,它决定了研究的方向和目标。为了解决研究问题,我们需要选择合适的研究方法,也就是解决问题的途径和步骤。研究方法的选择本质上取决于研究问题的性质和特点。然而,在理论上和实践中,一个问题往往有多种可能的解决方法,不同的研究者会根据自己的思维方式或研究视角采用不同的解决方法,只要能够有效地解决问题,就可以达到研究的目的。这就像我们可以选择不同的路线和交通工具去往同一个地点一样。

2. 研究逻辑

归纳和演绎是人类认知世界最基本的两种推论方法。归纳是从具象到抽象,从特殊到一般,从个案到普遍的思维逻辑。演绎正好相反,是从抽象到具象,从一般到特殊,从普遍到个案的思维逻辑。1971年,美国社会学家华莱士在《社会学中的科学逻辑》中提出了科学研究的逻辑思维模型,被人们称为"科学环",如图 7-2 所示。

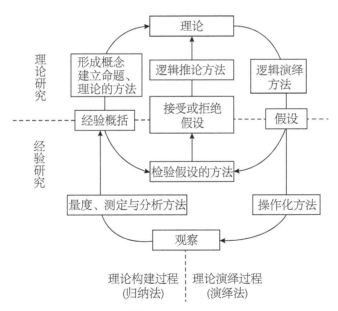

图 7-2 科学环[①]**——科学研究的逻辑思维模型**

---

① 袁方,王汉生. 社会研究方法教程 [M]. 北京:北京大学出版社,1997:93.

在"科学环"逻辑思维模型中,华莱士将理论、假设、观察、经验概括作为科学思维的重要节点,形成一个知识流转的闭环,如图 7-3 所示。

图 7-3　知识流转思维闭环

结合归纳和演绎两种逻辑类型和"科学环"逻辑思维模型,科学研究可以分为四类:演绎性研究、归纳性研究、经验研究和理论研究。

(1)演绎性研究的基本思路:先有大前提(理论),然后提出假设,再通过调查验证。所有的演绎性研究都遵守这样的研究顺序,最典型的就是假设型量化研究,但要注意的是,并不是所有的量化研究都属于演绎研究。

(2)归纳性研究的基本思路:从观察出发,通过对现象的提炼,发现理论。这是典型的质性研究思路,但实际研究中,质性研究对流程的执行并不是非常苛刻,有些研究结构是先提出理论,这就变成了演绎性研究。也就是说,并不是所有的质性研究都是归纳性研究,也有可能是演绎性研究。

(3)经验研究的基本思路:只是对现象进行描述性说明,不涉及理论。经验研究可以是量化的,也可以是质性的。

(4)理论研究的基本思路:对理论本身的思考,将理论作为研究对象,多属于思辨研究。

从以上分析可以看出,虽然基于某种逻辑的研究类型并不对应唯一的研究方法,但决定了该研究所对应的研究方法范式,研究者只需在对应的研究方法范式的范畴内再选择具体的研究方法方式就可以了。

3. 研究目的

美国著名社会学家艾尔·巴比教授认为社会研究有三个基本的目的:探索、描述和解释。根据研究目的,科学研究可以划分为探索性研究、描述性研究、解释性研究三种类型。

(1)探索性研究是研究者在对某研究对象知之甚少、无法确定明确假设且缺乏前期研究的基础时采用的研究方法。这种研究方法尤其适用于对新事物的探讨，旨在为深入了解提供初步的认知和研究起点，为研究问题的解答提供关键线索，但其限制在不能完整地回答研究中的所有问题。由于可研究的样本量有限，探索性研究往往配合思辨研究或质性访谈等方法进行。

（2）描述性研究采用归纳逻辑，对社会现象进行细致描述或叙述。例如，人口普查即是描述性研究的一个经典例子。这类研究是基于经验的，通常不涉及理论构建，而更多地侧重于对研究对象的结构、现状及其内在逻辑的揭示。描述性研究常采用的方法包括问卷调查法、民族志和案例分析法等。

（3）解释性研究通过整理与分析收集的资料，以特定命题或假设为基础，使用演绎方法探究事物间的相互或因果关系。其目的在于明确观察到的社会现象的发生原因并预测其未来趋势。这种研究主要解答两类问题：第一类问题是某一社会现象背后的原因、影响机制与关键因素；第二类问题是基于对已有社会现象或规律的总结，预测其他社会现象发生的可能性。解释性研究采用的最佳方法是实验法，通过问卷调查法、内容分析法等方法收集定量数据，然后对数据进行建模和统计也是解释性研究通常采用的路径。

研究目的可分为探索性、描述性和解释性三大类，但这种分类略显粗略。由于每种研究目的都对应多种可执行的研究方法，因此与研究逻辑相同，我们必须结合其他因素，在相应的方法组中选择具体的研究方法方式。

4. 研究样本

研究样本是从总体中通过特定方法抽取的元素集合，其特征能代表整体，这是统计学的核心思想。

抽样分为概率抽样和非概率抽样。量化研究通常使用概率抽样，而质性研究则偏向使用非概率抽样。样本量的选择与研究方法息息相关。例如，基于计算机的大数据研究通常为全样本研究；量化研究需要大量样本来确保结果的代表性；质性研究旨在理解研究对象而非总体，因此样本量较少；思辨研究通常不涉及样本概念。

在分析研究样本要素的时候要注意，在很多实际研究中，抽样过程并不都是一次完成，而是要经过多层次抽样，如概率抽样中的多级抽样或 PPS 抽样。文本信息处理也涉及多层次抽样。例如，对某媒体的内容分析通常包括信息载体/资料来源抽样、信息时段/时间抽样及信息内容单位抽样。在这种多层次抽样中，以最终的抽样单位为计数单位。

从上述分析可以看出,抽样的目标样本量与适配的研究方法样本量大致相对应,样本量也是决定研究方法选择的关键。但需注意,某些研究方法的样本量区间宽泛,如问卷调查法,其调查范围可以从几十人扩展至数万人。

5. 研究情境

研究情境涉及特定研究方法的实际应用环境,这些环境因方法所依托的哲学基础而不同,进而决定了各种研究方法的适用性。这种差异性在不同的研究方法范式中得到了清晰的呈现。下面详细介绍常见的研究方法在适用情境方面的具体表现。

思辨研究方法依托于研究者的理性认知能力和直观经验,通过逻辑演绎和推理来深入探讨概念和命题,旨在揭示事物的本质属性。思辨研究方法适用于那些侧重研究者个人反思的场景,并不要求研究者物理上置身于研究对象的实际环境中。例如,当哲学家探讨"自由意志"的本质时,他们可能不会进行实证研究,而是会依靠思辨研究方法。他们可能会从历史哲学文献中汲取思想,利用个人的逻辑推理能力来分析自由意志的概念,从而形成对人类行为自由的根本理解和解释。这个过程完全发生在主观的思考层面,而不涉及具体的实证调查或实验操作。

量化研究方法是一种侧重于通过统计分析经验数据(无论是实验还是观察所得)来对理论假设进行检验的方法。这种研究方式要求收集可量化的数据,通常通过实验、调查或观察等手段进行,从而确保了研究的经验性和客观性。例如,心理学家会通过量化研究方法来测试某种认知疗法对抑郁症状的影响。在这种情境下,研究者可能会设计一个随机对照试验,将参与者随机分配到两组:一组接受新的认知疗法,另一组则接受标准治疗或安慰剂。研究者会在治疗前后测量抑郁症状的变化,并运用统计方法来分析两组间的差异,以此来评估认知疗法的有效性。这个过程体现了量化研究的核心:依靠可量化的数据来客观地评估和解释研究现象。

质性研究方法深植于对社会现象的整体性理解之中,它将研究者视为主要的研究工具,要求在自然的社会环境中采用多样化的数据收集手段。这种研究方法强调使用归纳推理来分析数据,并在与研究对象的互动过程中建构意义,以获得对其行为和动机的解释性理解。它特别适用于那些要求研究者直接融入被研究者所在的环境,并通过访谈、观察等方法收集深入的洞见。例如,如果一个社会学家正在研究都市贫困社区的生活条件和居民的社会结构，他们可能会采用质性研究方法。这涉及实地进入这些社区，与居民建立联系，进行深度访谈和参与观察。研究者可能会详细地记录田野笔记，收集居民的日常对话和社区活动的描述，以此来理解贫困社区的社会动态和居民的生活策略。这种质性研究的目的在于揭示那些隐匿在日常生活表层之下的社会联系和生活实践，从而提供对该社区的深刻见解。

当然，仅仅通过研究方法范式的界定来分析其适用情境，还是非常粗糙的，往下细分，还可以根据实施方式、数据类型、分析方法等来分析，这里就不详细叙述了。

6. 研究者个性

研究者个性实际上也是影响研究方法选择的非常重要的影响要素，甚至可以说这是决定性的。做出这样的判断主要基于以下三个理由。

（1）研究方法的选择深受研究者的世界观影响，而这种世界观是由研究者的个人经历、生活背景及所处的社会环境等多种因素共同塑造的。不可忽视的是，研究者的世界观往往是潜在的、隐性的，它可能不为研究者本人所显著感知，而其对研究取向的影响却是深远的。这意味着研究者在选择研究方法时，很可能在无意中被自己未充分意识到的信念和假设所引导。

（2）在具体的实施过程中，还涉及技术与工具层面的具体实施和运用。有一些技术或工具是有一定门槛和使用难度的，这也成为影响研究者选择研究方法的重要因素。例如，很多刚进入科研领域的学生因为在心理上惧怕统计，放弃了量化研究范式，选择了不需要操作统计的质性研究范式。当然，基于心理畏惧的选择绝对不是明智的选择，质性研究虽然不用操作统计，也不用和数学打交道，但是它也有自己的操作逻辑和技术规范，仍然需要系统专业的学习，难度也不低。

（3）因为个人兴趣、知识范畴等各种因素，研究者只关注某一类研究方法。研究者和某种研究方法的结识可能就是源于某种偶遇，而后研究者对某一种或某几种研究方法情有独钟，这种情况并不鲜见。笔者在博士一年级的时候，偶尔听了一节口述史方法的课，当时就觉得口述史方法和博士论文选题可以进行很好的结合。经过深入的文献阅读，笔者最后将口述史方法作为博士论文中最重要的研究方法。如果没有这次偶然的接触，笔者非常有可能不选用口述史方法。

笔者已将前述的六个研究方法的影响要素整理为研究方法影响要素表，如表7-1所示。通过分析和评估选题设计中的这六个要素，可以初步定位到特定的研究方法小类。接着,研究者在深入了解这些方法后,可进一步细化筛选,以确定最佳的研究方法。

▶ **表 7-1　研究方法影响要素表**

影响要素	选择项
研究问题	
研究逻辑	演绎
	归纳
研究目的	探索性研究
	描述性研究
	解释性研究
研究样本	全样本
	大样本
	中样本
	小样本
	无样本
研究情境	自然情境
	客观情境
	主观情境
研究者个性	

第三节　模型拆解与应用

研究方法影响要素表应用在选题设计阶段,研究者通过判断和抽取影响研究方法的六个关键要素来匹配研究方法,但是在实际应用中,这么做还是不够简洁和直接。为此,在研究方法影响要素表的基础上,笔者又设计了一个适配研究方法的画布模型,如图 7-4 所示,它更能直观、便捷地指导研究者选择合适的研究方法。

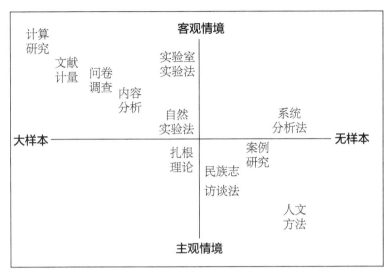

图 7-4　适配研究方法的画布模型

适配研究方法的画布模型由横纵两个坐标构成，横坐标代表样本量，纵坐标代表研究情境。这两个关键变量源于研究方法影响要素表，它们不仅更实用，还更便于操作。由于整体像一块布，于是称其为画布模型。

上文已分析样本量对研究方法的影响，这是所有影响要素中最容易判断，甚至可以量化的要素。首先提取样本量要素。根据样本量的大小，横坐标最右侧代表无样本，即不涉及样本的概念。横坐标最左侧代表大样本，其中"大"是一个相对概念，如问卷调查法的样本量可以达到数千，这在绝对数字上已经非常大了，但是基于网络大数据的相关研究，其样本量会更大，最极端的是全样本调查，但实际上这仍是理想状态。在大样本与无样本间是一种过渡状态，样本量从右至左逐渐增加。样本量决定了研究方法在横坐标上的分布。例如，历史研究、哲学研究等一些人文方法通常为无样本研究；案例研究和扎根理论通常为小样本研究，内容分析、文献计量等研究方法需要处理的样本量相对较多。

上文也分析过研究情境对研究方法的影响，这里将研究情境粗略地拆分为主观情境、客观情境和自然情境三种类型，但实际上研究情境可以进行更细致的拆分，为了保持模型的简洁性，我们保持拆分到这一层次。纵坐标的最上方是客观情境，对应的是量化类研究方法；最下方是主观情境，对应的是思辨类研究方法；中间区域代表由主观情境过渡到客观情境的过程，包含了自然情境。研究情境的分布决定了研究方法纵坐标上的分布，如历史研究、哲学研究等一些人文方法属于主观情境下的研究，案例研究、扎根理论等属于自然情境下的研究，实验室实验法、计算研究等属于客观情境下的研究。

使用由研究样本和研究情境交叉构成的适配研究方法的画布模型，可以大概定位某个研究方法所处的位置，其所处位置代表了该研究方法的核心特征。然后根据研究设计方案匹配合适的研究方法，形成最佳的匹配方案。

但是，适配研究方法的画布模型有一个先天的bug（缺陷）。这个bug就是因为画布的大小限制，只能将有限的、常用的几种研究方法展示到画布中，忽略了更多的研究方法。这同时也反映了目前研究方法教材中的一个局限，即研究方法教材都在详细介绍主流的研究方法，我们称其为"明星方法"，如问卷调查法、实验法、内容分析法、访谈法、扎根理论等；而一些较为小众的方法，我们称其为"素人方法"，却鲜有介绍。这些"素人方法"对研究者来说同等重要，如自我民族志、幻想主题分析等。为了解决这个问题，笔者收集了目前国内CSSCI期刊中常用的55种研究方法，并对这些研究方法的研究对象类型、使用样本范围、研究情境进行了分析，如表7-2所示。

▎表7-2　CSSCI期刊中常用的55种研究方法

序号	方法名称	研究对象类型	使用样本范围	研究情境
1	问卷调查法	调查对象	中样本	客观情境
2	田野调查	现场观察对象	小样本	自然情境
3	民族志	社群或文化群体	小样本	自然情境
4	观察法	观察对象	小样本	自然情境
5	行动研究法	参与者或社群	小样本	自然情境
6	常人方法学	个体观察对象	小样本	自然情境
7	关键事件技术法	事件或情境	小样本	自然情境
8	访谈法	受访者	小样本	自然情境
9	实验法	受试者	中样本	客观情境
10	个案研究法	个案	小样本	自然情境
11	定性比较分析（QCA）法	情境或事件	中样本	自然情境
12	拓展个案研究	个案	小样本	自然情境

续表

序号	方法名称	研究对象类型	使用样本范围	研究情境
13	主成分分析（PCA）法	数据集	大样本	客观情境
14	聚束分析法	数据集	大样本	客观情境
15	层次分析法（AHP）	决策问题	中样本	客观情境
16	直觉模糊层次分析法	决策问题	中样本	客观情境
17	聚类分析法	数据集	大样本	客观情境
18	事件分析法	事件数据	大样本	客观情境
19	元分析	研究文献	大样本	客观情境
20	空间计量方法	空间数据	大样本	客观情境
21	事件史分析（EHA）法	历史事件	大样本	客观情境
22	扎根理论	文本数据	小样本	自然情境
23	话语分析法	文本数据	中样本	自然情境
24	内容分析法	文本数据	大样本	客观情境
25	文本分析法	文本数据	大样本	自然情境
26	共词分析法	文本数据	大样本	客观情境
27	语义分析法	文本数据	大样本	客观情境
28	知识图谱分析法	知识图谱数据	大样本	客观情境
29	话语—历史分析法（DHA）	文本和历史数据	大样本	客观情境
30	幻想主题分析（FTA）	文本数据	大样本	自然情境
31	文献计量法	学术文献	大样本	客观情境
32	现象学方法	研究对象经验	小样本	自然情境
33	符号学方法	文本数据	小样本	自然情境
34	叙事学方法	叙事文本	小样本	自然情境
35	修辞学方法	文本数据	大样本	自然情境
36	语料库研究法	文本数据	大样本	客观情境
37	会话分析法	会话记录	大样本	自然情境
38	隐喻分析方法	文本数据	大样本	自然情境
39	生命史分析法	个体生命史	大样本	自然情境
40	知识考古学方法	文本和知识历史	大样本	客观情境

续表

序号	方法名称	研究对象类型	使用样本范围	研究情境
41	史源学方法	历史文献	大样本	客观情境
42	生态网络分析法	生态网络数据	大样本	客观情境
43	系统动力学方法	系统数据	大样本	客观情境
44	竞争性假设分析（ACH）法	数据分析	大样本	客观情境
45	混合研究方法	多种方法的结合	小样本和大样本	自然情境结合客观情境
46	Q 方法	观点或态度	小样本和大样本	自然情境结合客观情境
47	社会网络分析（SNA）法	社会网络数据	大样本	客观情境
48	认知网络分析（ENA）法	认知网络数据	大样本	客观情境
49	文本挖掘	文本数据	大样本	客观情境
50	社会模拟	模拟社会系统	大样本	客观情境
51	计算仿真	模拟系统	大样本	客观情境
52	LDA 主题法	文本数据	大样本	客观情境
53	社会计算方法	社会数据	大样本	客观情境
54	地理空间分析	地理空间数据	大样本	客观情境
55	BP 神经网络法	数据分析	大样本	客观情境

实际上，适配研究方法的画布模型是一种过程性工具，督促研究者开阔眼界，了解更多的研究方法，把了解和学习到的知识植入画布中，不断扩充画布的边界。

同时，在使用适配研究方法的画布模型的时候，也不用真的画出来，它更像一个心理模型，只要对方法有一定的了解，就可以在心里定位意向研究方法的坐标了。

第四节　AI 辅助下的模型实操与案例拆解

案例 7-1："弹幕"相关研究的案例拆解

在中国知网，以"弹幕"作为检索关键词，设置"篇名"和"CSSCI"为检索条件，在得到的检索结果中，选择 2022 年发表的论文，共得到 25 篇目标论文。对这些论文的所属学科、研究方法范式、研究方法、样本量、样本类型进行分析统计，汇总结果如表 7-3 所示。

▶ 表 7-3　"弹幕"主题的论文统计分析

题名	作者	文献来源	学科	研究方法范式	研究方法	样本量	样本类型
数字平面中书写的"观看化"："弹幕"媒介史之思	孙藜	《新闻记者》	新闻传播学	思辨		无	
弹幕文化对主流意识形态的风险挑战及其应对策略	李红革 黄家康	《湖南社会科学》	马克思主义	思辨		无	
Reaction 视频的用户弹幕评论行为生成机制探索——基于认知-情感系统理论	叶许婕 赵宇翔 张轩慧	《数据分析与知识发现》	图书情报	实证	扎根理论	11 个	视频
						3222 条	弹幕文本
在线教学有效策略探索——基于哔哩哔哩网站在线开放课程"教育学"的弹幕文本分析	沈浩 梁莹	《电化教育研究》	教育学	实证	自然语言处理方法、情感分析法	57 个	视频
						6045 条	弹幕文本
论"语-图"互文视域下的弹幕生成机制——"逆仿"的律动与跨媒介的狂欢	孟凡萧 吴怀东	《现代传播（中国传媒大学学报）》	新闻传播学	思辨		无	
融合弹幕内容特征与行为特征的用户画像研究——以 B 站教学类视频为例	杨阳 余维杰	《情报科学》	情报学	实证	LDA 主题法	13593 人	弹幕用户
弹幕教学视频中学习者的眼动行为模式及其作用机制研究	王雪 张蕾 王崟羽 乔玉飞 李慧洋	《远程教育杂志》	教育学	实证	眼动实验法、聚类数据挖掘法	70 名	被测试对象
商品化视角下的"弹幕"研究	侯君荔	《中国电视》	新闻传播学	思辨		无	

续表

题名	作者	文献来源	学科	研究方法范式	研究方法	样本量	样本类型
"梗""嘻哈"与"弹幕":论网络亚文化语境中"鲁迅形象"的"脱域"	崔芃昊 于小植	《鲁迅研究月刊》	中国文学	思辨		无	
弹幕交互为大学生在线学习带来了什么?——基于扎根理论的质性分析	张文兰 陈力行 孙梦洋	《现代远距离教育》	教育学	实证	访谈法、扎根理论	30人	具备弹幕使用经验的大学生
基于互动仪式链理论的短视频弹幕平台用户情绪预警机制研究——以Bilibili弹幕网站为例	张宝生 杨晓婷 王晓红	《情报科学》	情报学	实证	模型建构、灰色关联分析法	2个	案例
						2539条	弹幕文本
交互性神话、公共修辞与悬置的主体——作为一种社会历史实践的弹幕电影	王婷	《当代电影》	艺术学	思辨		无	
青少年弹幕评论中的文化认同——以某视频网站作品《国家宝藏》为例	张宁 段小宣 杨帆 袁勤俭	《青年研究》	社会学	实证	内容分析法	10期	纪录片
						1000条	弹幕文本
基于互动仪式链理论的视频网站弹幕信息情感分析——以Bilibili健康科普类视频为例	魏来 王伟洁	《情报理论与实践》	情报学	实证	情感分析法	10个	视频
弹幕互动、在线商品展示与消费者冲动性购买行为——以临场感、心流体验为中介	范月娇 刘菁	《哈尔滨商业大学学报(社会科学版)》	管理学	实证	网络问卷调查法	341份	有效问卷
弹幕与规训:网络直播中的性别凝视——基于斗鱼大数据的分析	徐敬宏 张如坤 郭婧玉 巩见坤	《国际新闻界》	新闻传播学	实证	LDA主题法、情感分析法	7位	主播
						6万条	弹幕文本

续表

题名	作者	文献来源	学科	研究方法范式	研究方法	样本量	样本类型
作为"位置"的弹幕：用户的虚拟空间实践	赵艺哲 蒋璐璐 刘袁龙	《新闻界》	新闻传播学	实证	扎根理论	10个	视频
						29679条	弹幕文本
数字化时代下视频弹幕的影响及发展建议	赵彤 李倩 王天然	《电视研究》	艺术学	思辨		无	
多特征融合下视频网站弹幕信息有用性检测研究	张瑞 何禄鑫 黄炜	《现代情报》	情报学	实证	实验法	10集	纪录片
						49369条	弹幕文本
弹幕对主流媒体信任的影响：用户-媒体匹配视角	姚琦 侯明明 付美云 马华维	《心理科学》	心理学	实证	实验法	212人	被测试对象
数字人文视频的用户弹幕评论行为生成机制	张宁 段小宣 袁勤俭	《图书馆论坛》	图书馆学	实证	扎根理论	10期	纪录片
						4148条	弹幕文本
弹幕视频的情感时间曲线聚类与传播效果	张腾 倪渊 莫同 吕学强	《数据分析与知识发现》	情报学	实证	情感分析法、时间序列聚类算法	20集	纪录片
						279889条	弹幕文本
基于信号理论的弹幕用户信息表达实证研究	张瑞 姚童 黄炜 杨艳妮	《情报杂志》	情报学	实证	网络问卷调查法	320份	有效问卷
自由表达与互动体验的幻象：受众弹幕文本的话语生产——基于《再见爱人》弹幕的内容分析	李蕾 宋航	《新闻与写作》	新闻传播学	实证	内容分析法	14个	视频
						2907条	弹幕文本
弹幕用户的偶发学习过程模型构建——一项现象学研究	蔡辰 刘思琦 孙晓宁	《现代情报》	情报学	实证	现象学方法、访谈法、文本分析法	21位	访谈对象
						2万字资料	访谈文本

借助 AI 工具，对表 7-3 中的方法要素进行统计分析。

（1）在学科归属上，"弹幕"主题论文分布在情报学、新闻传播学、教育学、艺术学等几个学科领域，其中情报学学科的论文数量最高（7篇），新闻传播学学科的论文数量第二（6篇），其他学科的论文数量偏少。

（2）在研究方法范式维度上，"弹幕"主题论文覆盖思辨研究和实证研究，其中思辨研究论文数量为7篇；其余18篇都是实证研究论文。"弹幕"主题论文以实证研究为主，其中质性研究论文有5篇、量化研究论文有6篇、基于计算机技术分析（计算研究）的研究论文有7篇。实际上，基于计算机技术分析的7篇研究论文也属于量化研究论文，但是与传统的量化研究路径有很大不同，所以单独列出来，如表7-4所示。研究方法范式的选择也是研究者世界观的映射，同时也是研究情境的选择结果。

▶ 表7-4 "弹幕"主题论文研究方法范式统计

研究类型	论文数量/篇
思辨研究	7
质性研究	5
量化研究	6
计算研究	7

（3）在具体的研究方法维度上，在18篇实证研究论文中，共使用了15种研究方法，其中有11篇论文使用了1种研究方法，有7篇论文使用了2种及以上的研究方法，1篇论文最多使用了3种研究方法。15种研究方法包括扎根理论（4篇）、情感分析法（4篇）、问卷调查法（2篇）、实验法（3篇）、访谈法（2篇）、LDA主题法（2篇），如表7-5所示。还有一些明显带有学科属性的方法，如时间序列聚类算法等。

▶ 表7-5 "弹幕"主题论文研究方法统计

主题	论文数量/篇
扎根理论	4
情感分析法	4
问卷调查法	2
实验法	3
访谈法	2
LDA主题法	2

（4）在样本量维度上，样本类型主要集中在视频和用户两种类型。样本量区间为 2 个到上万个，45% 的样本量小于 10 个。需要说明的是，因为"弹幕"是文本属性的，所以完成最后抽样的分析资料数量都偏高，最高的是 6 万条弹幕文本，但并不是所有研究都抽样到了这个层面，因此以分析资料上一层级作为样本层级进行统计，如表 7-6 所示。

▍表 7-6　"弹幕"主题论文样本量分布

数据范围	论文数量 / 篇
10 以内（不含）	2
10~50（不含）	10
50~100（不含）	2
100 以上	4

（5）"弹幕"主题的研究方法范式和具体的研究方法的分布还是很宽泛的，这和论文选题直接相关，选题中的研究单位和研究维度也对研究方法的选择产生了影响。

从选题的研究单位来看，虽然我们是以"弹幕"作为关键词进行的检索，但是关键词在选题中的两点不同让选题之间产生了差异。第一个不同是"弹幕"在具体选题中的角色并不一致。在大多数论文中，"弹幕"都承担研究单位角色，其他要素围绕"弹幕"展开，但也有例外。例如，在《在线教学有效策略探索——基于哔哩哔哩网站在线开放课程"教育学"的弹幕文本分析》这篇论文中，研究单位是在线教学，弹幕只是研究案例；而在《弹幕教学视频中学习者的眼动行为模式及其作用机制研究》这篇论文中，研究单位是学习者，弹幕教学视频是环境类限定词。第二个不同是"弹幕"在论文选题中并不一定是一个独立的概念，和其他概念组合成论文的完整概念的组合之间也产生了差异。例如，在《弹幕文化对主流意识形态的风险挑战及其应对策略》这篇论文中，弹幕和文化组合成了"弹幕文化"，"弹幕文化"是这个选题中的完整概念；而在《Reaction 视频的用户弹幕评论行为生成机制探索——基于认知-情感系统理论》这篇论文中，弹幕和用户、评论行为组合成了"用户弹幕评论行为"，"用户弹幕评论行为"是这个选题中的完整概念，其他选题也类似。不同组合的结果形成了不同类型的研究单位，不同类型的研究单位也对应着不同的研究方法，如"用户弹幕评论行为"比"弹幕文化"更容易测量和观察，也更适合做实证性研究。以"弹幕评论行为"和"弹幕文化"作为关键词单独在中国知网查询，查询结果显示"弹幕评论行为"都是实证类研究，"弹幕文化"都是思辨类研究。

（6）从选题的研究维度来看，"弹幕"主题不管从形式角度还是类型角度来看都比较多元。从形式角度来看，既有没有研究维度的选题，如《商品化视角下的"弹幕"研究》；也有单一维度的选题，如《自由表达与互动体验的幻象：受众弹幕文本的话语生产——基于〈再见爱人〉弹幕的内容分析》；还有组合型研究维度，如《弹幕教学视频中学习者的眼动行为模式及其作用机制研究》。其中，单一维度是最主要的研究维度形式，共有16篇论文。

在上述研究维度的思维罗盘中，我们将研究维度划分为3对6个解释向度，分别是内部向度、外部向度，理解向度、行动向度，理论向度、方法向度。"弹幕"主题论文向度类型也比较广泛，基本覆盖了这几种类型。内部向度是"弹幕"主题论文采用较多的向度类型，如"××机制"属于内部向度中的空间向度类型。有5篇论文研究弹幕的某种生成机制，其中4篇是实证取向的，只有1篇是思辨取向的，如《Reaction视频的用户弹幕评论行为生成机制探索——基于认知-情感系统理论》。"××机制"作为一种向度类型到底是选择实证取向还是思辨取向，还要结合研究单位的属性来判断。其他向度类型分布相对分散，如外部向度的论文有2篇，即《弹幕互动、在线商品展示与消费者冲动性购买行为——以临场感、心流体验为中介》《弹幕对主流媒体信任的影响：用户-媒体匹配视角》；理解向度的论文只有1篇，即《数字平面中书写的"观看化"："弹幕"媒介史之思》。

以上，是我们对"弹幕"主题论文研究方法影响要素的分析，希望对读者深入理解研究方法有所启示。

案例7-2：AI辅助根据研究问题匹配合适的研究方法

这里还是将"为什么大学生在课堂上沉默不语？"作为实操案例。同样，展示几种不同的执行路径，供读者参考。

思路一：利用AI大语言模型直接匹配。

和研究理论相比，研究方法的范畴相对固定，常用的研究方法更是有限，这样可以通过研究问题的表述，基于 AI 大语言模型对研究问题的理解和其所储存的研究方法信息进行直接匹配。为了提高匹配性，可以先让 AI 工具列出研究者所在学科或领域常用的研究方法，并列出关于这些方法的一些信息，然后基于这个方法列表进行匹配，这样会提高匹配精度。同时，研究问题的不同表述也会影响匹配效果。

指令：

我是一名二年级在读博士生，专业是教育学。我目前准备撰写一篇学术论文，请你担任我的博士生导师，指导我进行选题工作。我关注的研究问题是"为什么大学生在课堂上沉默不语？"，需要匹配合适的研究方法。请按以下步骤进行：第一步，请先列出教育学中常用的 20 个研究方法，并输出表格，第一列为"序号"，第二列为"研究方法名称"，第三列为"对研究方法的简单解释"；第二步，根据研究对象从以上 20 个研究方法中匹配最合适的 3 个研究方法，并给出匹配的理由。

AI 答：

第一步：列出教育学中常用的 20 个研究方法，如表 7-7 所示。

▍表 7-7　教育学中常用的 20 个研究方法

序号	研究方法名称	对研究方法的简单解释
1	文献综述法	对已有文献的收集、分析与总结，形成对某一问题或主题的全面理解
2	问卷调查法	使用一系列的问题收集来自受访者的数据，通常用于量化研究和统计分析
3	深度访谈法	与研究参与者进行一对一的、结构化或半结构化的对话，以获得深入的信息
4	案例研究法	对单个或多个情境进行深入、细致的研究，以提供对该情境的深入了解
5	实验法	在受控的环境中进行的研究，目的是确定一种或多种变量之间的因果关系
6	观察法	对研究对象进行系统的观察，通常不涉及研究者的干预
7	行动研究法	研究者参与日常实践，以改进实践或解决实际问题
8	现象学方法	探索和描述人们经验中的现象，以理解现象的本质和意义
9	基于理论的研究法	基于某种理论或模型对现象或问题进行研究分析
10	跨文化研究法	比较不同文化或文化背景中的行为、态度或其他变量
11	历史研究法	对过去事件的收集、评价和解释，以理解和解释现在的情况

续表

序号	研究方法名称	对研究方法的简单解释
12	内容分析法	对文本、图像或其他内容进行系统性和定量化的分析,以识别模式或主题
13	系统评估法	对某一程序、政策或实践的有效性和效果进行评估
14	回溯研究法	从现在开始,回溯过去研究某一事件或状况的原因
15	网络分析法	研究社会网络中个体之间的关系,以及这些关系如何影响行为和态度
16	叙事研究法	通过叙述或故事来探索和解释个体的经验
17	教育评估法	评估教育干预措施、课程或项目的效果和成果
18	比较研究法	比较两个或多个群体或情境,以确定其相似性和差异
19	地理信息系统研究法	使用地理信息系统技术来收集、分析和展示空间数据
20	混合研究方法	结合定性和定量研究方法,以提供对研究问题的全面理解

第二步:根据研究对象匹配最合适的 3 个研究方法并给出理由。

1. 问卷调查法。通过设计针对性的问卷,可以了解大学生在课堂上沉默不语的原因,例如他们对课程内容的看法、他们的个人感受等。

2. 深度访谈法。可以与部分大学生进行深入的对话,了解他们的真实想法和感受,这可以为问卷调查提供更具体的背景信息。

3. 观察法。直接在课堂上观察大学生的行为,可以为研究提供第一手的实证数据,帮助研究者更直观地理解大学生的行为模式。

匹配理由:以上 3 种研究方法结合起来可以提供全面的视角,从宏观到微观,从客观到主观,全方位地探讨大学生在课堂上沉默不语的原因。

为了交叉验证匹配结果的精确程度,我们换一个 AI 工具,输入同样的指令,对比一下结果的差异。

AI 答:

第一步:列出教育学中常用的 20 个研究方法,如表 7-8 所示。

表 7-8 教育学中常用的 20 个研究方法

序号	研究方法名称	对研究方法的简单解释
1	实验法	通过人为地控制和操纵变量，观察和比较因变量的变化，从而探求因果关系的一种研究方法
2	调查法	通过设计和发放问卷、访谈、观察等方式，收集和分析一定范围内人群的意见、态度、行为等信息的一种研究方法
3	案例分析法	对个体或群体在特定情境下的行为、经历、问题等进行深入、细致、全面的描述、解释和评价的一种研究方法
4	行动研究法	通过研究参与者对实践中存在的问题进行诊断、计划、实施、评估和反思，以改进实践质量和促进研究参与者专业发展的一种研究方法
5	叙事研究法	通过收集和分析研究参与者的故事、经历、记忆等叙事资料，重构和呈现其生命历程和意义建构的一种研究方法
6	历史研究法	通过系统地收集、整理、评价和解释教育现象发生、发展和演变的历史资料，揭示教育现象与历史背景和社会环境的关系的一种研究方法
7	比较研究法	通过对不同地区、国家或文化中的教育现象进行对比分析，揭示其异同点和影响因素，从而提出改进建议或借鉴经验的一种研究方法
8	文献综述法	通过系统地收集、整理、评价和归纳某一主题或问题相关的文献资料，梳理其发展脉络和理论框架，发现其存在的问题和未来的方向的一种研究方法
9	内容分析法	通过对文本或图像等非数值化资料进行编码、分类、计量和统计等操作，提取其中隐含或显著的信息和意义的一种研究方法
10	现象学方法	通过研究参与者对某一现象或体验的主观感受和意识表达进行描述、解释和理解，揭示其内在本质和结构的一种研究方法
11	基于理论的研究法	通过运用逻辑推理、概念分析、假设构建等方式，探讨教育现象背后的基本原理、规律和理论，为教育实践提供指导或解释的一种研究方法
12	评价研究法	通过运用多种数据收集和分析技术，对某一教育项目或政策在目标、过程和效果等方面进行系统的评价，以提供反馈和改进意见的一种研究方法
13	田野研究法	通过对自然环境中的教育现象进行长期、直接、全面的观察和参与，收集和分析多种形式的资料，描绘和解释其复杂的现实情境的一种研究方法
14	模拟研究法	通过运用数学或计算机等工具，建立教育现象的抽象模型，模拟其运行过程和结果，从而预测或控制教育现象的一种研究方法
15	实证研究法	通过对教育现象进行客观、系统、严密的观察和测量，收集和分析可验证的数据，从而得出可靠的结论的一种研究方法
16	质性研究法	通过对教育现象进行主观、灵活、开放的探索和理解，收集和分析非数值化的数据，从而揭示其深层次的意义和内涵的一种研究方法
17	量化研究法	通过对教育现象进行客观、精确、规范的描述和分析，收集和分析数值化的数据，从而揭示其表层的特征和规律的一种研究方法
18	解释性研究法	通过对教育现象进行深入、细致、全面的解释，运用多理论或视角，从而展示其多元性和复杂性的一种研究方法

续表

序号	研究方法名称	对研究方法的简单解释
19	批判性研究法	通过对教育现象进行批判性的审视和反思,揭示其背后的权力关系和利益冲突,从而促进其变革和解放的一种研究方法
20	探索性研究法	通过对教育现象进行初步、广泛、探索性的研究,发现其存在的问题或新颖的方面,从而为进一步深入研究提供基础或方向的一种研究方法

第二步:根据研究对象匹配最合适的3个研究方法。

调查法:你可以通过设计问卷或访谈大学生,了解他们课堂上沉默不语的原因、情感、态度等信息,从而找出影响因素或提出改进策略。

案例分析法:你可以选择几个典型或特殊的大学生作为个案,深入地描述、分析他们课堂上沉默不语的行为、经历、问题等情况,从而揭示其个体差异或共性特征。

行动研究法:你可以参与课堂教学活动,诊断大学生沉默不语的问题所在,制订并实施相应的行动计划,评估行动效果并进行反思、改进,从而提高课堂互动质量。

两种AI工具提供的结果有相同之处,都推荐了调查法;推荐的其他两种研究方法略有差异,但是通过阅读推荐理由,研究者可以更深入地理解研究问题和研究方法适配的逻辑。

思路二:利用青泥学术平台的研究方法资源进行研究方法匹配。

青泥学术平台还提供了"研究方法"功能,可以根据关键词,智能匹配研究方法,如图7-5所示。

图7-5 青泥学术平台提供的根据关键词匹配研究方法的功能页面

在青泥学术平台中进行研究方法匹配,需要提炼研究问题中的关键词。这里我们提炼出本案例中的三个关键词:"课堂沉默""沉默""课堂"。匹配结果如下。

- 以"课堂沉默"作为关键词，匹配的研究方法是问卷调查法和现象学方法。
- 以"沉默"作为关键词，匹配出包含问卷调查法和现象学方法在内的 20 种研究方法。
- 以"课堂"作为关键词，匹配出包含问卷调查法和现象学方法在内的 50 种研究方法。

以"沉默"和"课堂"作为关键词的匹配结果显然太宽泛了，我们主要参考以"课堂沉默"作为关键词的匹配结果。

思路三：通过描述研究方法的影响要素来匹配合适的研究方法。

思路一和思路二都是通过对研究问题的描述来匹配研究方法的，思路三可以考虑得更全面、更深入，它通过对研究设计的描述，尤其是影响研究方法选择的相关要素的描述，来推动研究问题和研究方法的匹配。如表 7-1 所示，影响研究方法选择的主要有六个要素，这六个要素也是研究设计阶段着重考虑的。在研究设计思路较为成熟的情况下，研究者可以描述六个要素的设计或构思；在研究设计思路不是很成熟的情况下，参考适配研究方法的画布模型，只描述研究样本量和研究情境即可。下面结合案例，演示参考适配研究方法的画布模型的匹配过程。

指令：

我是一名二年级在读博士生，专业是教育学。我目前准备撰写一篇学术论文，请你担任我的博士生导师，指导我进行选题工作。我关注的研究问题是"为什么大学生在课堂上沉默不语？"，需要匹配合适的研究方法，请参考适配研究方法的画布模型（具体解释见【】内容）进行匹配，我的研究设计是：研究对象是我教学所在班级的学生，一共 125 人，我一直在做量化相关研究，想在客观情境下进行相关研究。【略】。注意：【】中只是解释适配研究方法的画布模型的概念，所提到的方法只是举例，你推荐的方法不要局限于【】内列举的方法。

AI 答：

基于您的研究问题"什么大学生在课堂上沉默不语？"以及您提供的适配研究方法的画布模型，我们可以进行以下的分析来选择合适的研究方法。

研究样本：您的研究对象是您教学所在班级的学生，一共125人。这一样本量在许多情况下可以视为中等。根据适配研究方法的画布模型，样本量从右至左逐渐增加，您的研究处于无样本与大样本之间，偏向于中样本。

研究情境：您希望在客观情境下进行研究。客观情境通常对应量化研究方法。这意味着您的研究将关注可以量化的数据，例如学生的课堂参与度、频率、时长等。

匹配的研究方法如下。

问卷调查法：考虑到您的研究对象数量为125人，这是一个适中的样本量，您可以通过设计问卷收集大学生的意见和看法。这种方法可以为您提供关于大学生沉默原因的直接见解。

观察法：您可以选择在课堂上进行结构化观察，记录学生的行为和互动，然后进行量化分析。

实验法：您也可以设计一个实验来测试不同变量（如课堂环境、教学方法、学生个体差异等）如何影响学生的课堂参与度。

计算研究法：如果您可以收集到学生过去的数据（如过去的出勤记录、课堂参与记录等），您可以使用统计方法来分析这些数据，找出可能的趋势或模式。

总的来说，您的研究问题与您的研究设计（样本量和研究情境）都适合量化研究方法。您可以选择上述提到的一种或多种方法，结合您的研究需求和可用资源，以获得最佳的研究结果。

作为对比，我们可以变化一下研究设计中的要素，看看AI工具会不会给出相应的推荐。

指令：

我是一名二年级在读博士生，专业是教育学。我目前准备撰写一篇学术论文，请你担任我的博士生导师，指导我进行选题工作。我关注的研究问题是"为什么大学生在课堂上沉默不语？"，需要匹配合适的研究方法，请参考适配研究方法的画布模型（具体解释见【】内容）进行匹配，我的研究设计是：研究对象是我教学所在班级的学生，有几个学生情况比较特殊，我想深入探究，我以前一直做质性研究。【略】。注意：【】中只是解释适配研究方法的画布模型的概念，所提到的方法只是举例，你推荐的方法不要局限于【】内列举的方法。

AI答：

了解您目前的研究情境和关注的问题，我会按照适配研究方法的画布模型为您推荐合适的研究方法。下面让我们一起进行分析。

样本量定位：

您提到的研究对象是您教学所在班级的学生，尤其是其中几个情况特殊的学生。这个样本量相对较小，因此在画布模型的横坐标上，您的研究方法应该位于小样本至中样本的范围内。

研究情境定位：

您关心的问题是"为什么大学生课堂上沉默不语？"，这个问题涉及学生的个人情感、想法、外部环境和其他可能的原因，因此，研究情境更偏向于主观情境和自然情境。主观情境下，您可以深入挖掘学生的内心感受和想法；自然情境下，您可以观察学生在课堂中的真实行为和互动。

结合上述定位，以下是几种推荐的研究方法。

深度访谈法：考虑到您以前一直做质性研究，深度访谈法可能是一个适合的方法。您可以选择那几个情况特殊的学生，进行一对一的深度访谈，了解他们沉默不语的原因。

观察法：您可以选择几次课堂，进行系统观察，记录学生的行为、互动和教师的教学方式，看看是否有什么模式或因素导致学生沉默。

焦点小组讨论法：组织一些学生，进行小组讨论，了解他们对课堂沉默的看法，采用这种方法可以得到多种观点和看法。

日记法：让学生记录他们一周或一个月的学习和课堂参与情况，通过日记分析他们沉默的原因。

结论：结合您的研究背景、研究对象和研究问题，我建议您采用深度访谈法和观察法。这两种方法都是质性研究方法，可以帮助您深入了解问题的本质，并得到丰富、细致的数据。

通过这两次提问，能够看到AI工具对研究样本和研究情境两个要素非常敏感，能够根据研究者的研究设计推荐更适配的方法。当然，案例中演示的研究设计比较粗糙，实际操作中，根据实际情况描述，信息越详细越好。

对比以上三种思路，第三种思路明显效果更好，前两种思路的结果可以作为参考项，和第三种思路做交叉验证。

第五节 本章练习

1. 通过一个具体案例，分析影响研究方法的六个关键要素。
2. 理解适配研究方法的画布模型，分析这个模型的优点和缺点。
3. 请列出你知道的你所在学科的所有研究方法，在此基础上，借助 AI 工具丰富完善。
4. 根据自己的实际研究问题，参考适配研究方法的画布模型，为研究问题匹配合适的研究方法。

第八章
创新研究观点的非共识研究观点模型

在学术探索的征途中,我们常常面临从众与创新的抉择。本章深入探讨了非共识研究观点模型,引导研究者如何在共识与异议之间寻找创新的火花。本章分析了从众心理对创新的潜在阻碍,并提出了一个四象限矩阵,帮助研究者识别和提炼那些可能被忽视的正确观点。通过批判性思维、警惕直觉思维、大胆假设和小心求证四个步骤,本章揭示了如何将非共识研究观点转化为学术领域的突破。本章还通过案例分析,展示了如何在实际研究中应用非共识研究观点模型,旨在激发读者在学术研究中勇于挑战现状,追求知识的深度与广度。

第一节 模型背景：从众、共识与创新

在学术研究领域，我们经常面临一个挑战：基于现有研究，如何提出独具创新性的研究观点？这涉及从众、共识与创新三者间的微妙关系。从众反映了个体在集体中受他人影响而调整自己的行为或观点的现象，而共识则代表了群体中普遍持有的观点、信仰或态度。与此不同，创新则关乎对既有的知识、技术或方法的改进和革新。

从众和共识在一定程度上对社会发展有积极作用，它们促进了社会秩序的稳定、合作的加强以及有效沟通的实现，同时也为我们提供了重要的信息资源。然而，过分强调从众和共识可能会限制思维的灵活性，抑制创新思维的产生，有时甚至会导致错误观念的广泛传播。如果在学术探索中仅仅追随主流，不敢质疑或挑战既定的理论或假设，则容易陷入思维定式。反之，保持独立思考并勇于表达异见或反驳之声，就更有可能创新并拓宽研究领域。

《乌合之众》[1]由法国社会心理学家古斯塔夫·勒庞所著。勒庞在书中深入解析了群体心理的普遍特点，探讨了人们在群体中的各种心理和行为倾向。勒庞认为，当个人融入群体，他们常常失去个性和理性，变得更为情绪化、易受他人暗示、盲目顺从，甚至采纳极端观点。勒庞进一步指出，群体往往缺乏批判性和创造性的思维，更容易被他人的观点或行为所影响。这样的群体心态对社会的进步和文明发展是一大威胁。

读者对《乌合之众》中的观点有一些争议，但其深刻的观察和见解依然令人受益。这部作品不仅让我们看到了群体心态如何影响个人思维和行为，同时也指出了从众和共识对于创新的潜在障碍。因此，研究者在进行研究时，应避免盲目从众，而更应保持独立与创新的思维态度，大胆提出与众不同的观点，以推进学术界的繁荣发展。进入 AI 时代，我们更应深化思考和鼓励创新。非共识研究观点模型为研究者提供了一种全新的思维方式，激励他们质疑和创新，以产出更具深度和创新性的学术成果。

---

[1] 古斯塔夫·勒庞. 乌合之众 [M]. 冯克利，译. 北京：中央编译出版社，2017.

第二节　模型拆解：寻找不一致同意的正确观点

非共识研究观点模型呈现为一个四象限矩阵。在这个模型中，横轴代表观点的正确性：横轴的右半部分代表正确观点，左半部分代表错误观点；纵轴代表观点的共识程度：纵轴的上半部分代表一致同意的观点，下半部分代表不一致同意的观点，也就是存在争议的观点。据此，可以划分出四种观点类型：一致同意的正确观点、一致同意的错误观点、不一致同意的正确观点和不一致同意的错误观点，如图 8-1 所示。

	错误观点	正确观点
一致同意	×	×
不一致同意	×	√

图 8-1　非共识研究观点模型

在这四种观点类型中，我们首先排除错误观点，包括一致同意的错误观点和不一致同意的错误观点。无论这些观点是否得到广泛接受，错误的科学研究本质上都是伪科学。但现实中的情况显然更复杂，科学结论的确定性需要时间来验证。例如，安东尼奥·埃加斯·莫尼兹因为前脑叶白质切除术获得诺贝尔奖，但后来这种手术被证明有严重的后遗症，最后被禁止。因为科学结论验证时间的延迟性，上万人为此付出了身体代价。这种不能通过科学检验、被证明错误的研究观点，我们称之为反共识研究观点。

其次，我们也要排除一致同意的正确观点，因为这种观点类型实际上就是我们所说的"常识"。虽然常识对研究至关重要，但如果经过复杂的研究过程最终得出的是众所周知的结论，那么这项研究就失去了其价值，因为科学研究的基本要求是创新。科学研究不仅是为了确认已知的事实，更是为了探索未知、挑战现有的认知，并为人类知识的库存增添新的元素。那些只是重复已有结论的研究往往会被学术界视为"低水平"或"冗余"的研究，因为它们没有为学术领域带来任何新的启示或贡献。

此外，坚持创新并不意味着要拒绝或忽略常识。相反，一个稳固的常识基础是开展任何科学研究的前提。只有深入了解现有的知识和理论，研究者才能找到那些未被挖掘的领域，或是现有理论中的缺陷和不足。但同时，过度依赖常识也可能会限制研究者的思维，使其陷入某种固定的思维模式，从而忽视了其他可能的解释或方法。例如，科幻题材电影《流浪地球》在票房和口碑上都获得了巨大成功，笔者的很多学生就选择从营销、拍摄、剧本等角度进行毕业论文的写作，最后呈现出来的多是基本内容的介绍和已有素材的堆积，没有运用科学的研究方法来解决研究问题。

因此，科学研究应该是一个不断的平衡过程。一方面，我们需要对现有的知识表示尊重，确保我们的研究建立在坚实的基础上；另一方面，我们也需要保持对新知识的好奇心和探索精神，勇于挑战现有的认知，不断推动学术领域的发展和进步。

最后，只剩下不一致同意的正确观点这种类型。这种观点的特性可以概括为：起初，它不被大多数人所认同，存在明显的争议；但最终，随着时间和进一步的研究，这个观点被证明是正确的。我们称这种研究观点为非共识研究观点。非共识研究观点在学术界往往被视为一种高级的研究成果，因为它需要研究者不仅要有前瞻性的洞察力，还要有打破常规的勇气。

为何"非共识"如此重要？因为真正的创新往往来源于这些与众不同的思考。当大家都在按部就班地走一条路时，只有敢于走出主流，挑战已有认知的人，才可能触碰到那些被遗漏的真理。这也是为什么在学术界，那些敢于提出和坚持自己的非共识观点的研究者经常受到最高的尊重。

对于普通的研究者来说，虽然不是每个人都能够提出那些颠覆性的观点，但这并不意味着我们就不能追求"非共识"。在所研究的领域内，我们应当始终保持开放和好奇的心态，勇于质疑现有的认知，不断深化自己的思考，寻找那些被忽略或被误解的角度。只有这样，我们才能够真正地为知识的进步做出贡献，并为自己的研究生涯创造更多的价值和意义。

在科学史中，爱因斯坦的经历无疑是非共识研究观点的经典案例。

爱因斯坦是 20 世纪最具影响力的物理学家之一，他的相对论确实在开始提出时引发了广泛争议。尽管他对物理学的巨大贡献得到了世界的认可，但许多人可能不知道，爱因斯坦并未因相对论而获得诺贝尔奖。

事实上，1921年，爱因斯坦获得了诺贝尔物理学奖，但这个奖项是因为他在光电效应领域的研究，而不是相对论。这是因为当时的相对论尚处于争议之中。尽管相对论提供了一个革命性的看待时间、空间和物质的方式，但它与当时主流的物理观念存在很大的冲突，因此很多学者开始批评和质疑它。

但随着时间的推移，相对论得到了越来越多的实验证据支持。从爱因斯坦的质能方程式（$E=mc^2$），到后来的核能研究，相对论的预测被一次又一次地证实。这使得越来越多的学者开始理解并支持爱因斯坦的理论。

爱因斯坦的经历证明了一个重要的观点：真理不总是被立即接受，尤其是当它挑战了现有的认知框架时。但真理的力量在于，无论它遭受多少批评和质疑，只要它是正确的，最终它总会被接受和赞誉。这也正是非共识研究观点模型的魅力所在。

与反共识正好相反，非共识是指虽然表面和共识不一致，实际是未被发掘的共识，经过验证是正确的假设。实际上，一旦研究成果得以传播，它便开始与现实产生互动，无论这些成果属于非共识还是反共识。这种互动本质上是一种反馈机制，对原先被广泛接受的共识研究观点产生挑战与影响。这不仅可能引起对共识研究观点进行微调和修正，还可能导致它的彻底转变或进化，如图8-2所示。

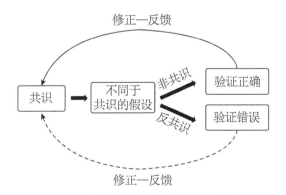

图8-2 非共识和反共识对共识的修正作用

这样的机制确保了知识和科学不断地前行。正是因为有了挑战和质疑，我们的认知框架才得以持续更新和扩展。例如，当一种新的研究观点开始受到关注和讨论时，它或许最初只是作为一种补充或修正存在的，但随着进一步的验证和研究，它可能逐渐取代原有的观点，成为新的共识。

第三节 模型应用：非共识研究观点模型的执行流程

在学术研究中，非共识研究观点往往具有创新性和突破性，能够引发新的思考和探索。然而，非共识研究观点并不是随意或随机产生的，而是需要经过一定的执行流程，才能确保其合理性和有效性。下面介绍非共识研究观点执行流程的四个步骤：为什么？不是什么？是什么？到底是什么？

一、为什么？运用批判性思维，找到研究问题

研究问题的提出是研究过程的第一步，也是最关键的一步，因为它决定了研究的目的、范围、方法和价值。因此，如何运用批判性思维，从不同的角度和层面，发现和提出有意义和有价值的研究问题，是每一个研究者必须掌握的基本技能。

研究问题主要有三个来源：实践、材料和文献。实践来源是指研究者在日常生活或工作中遇到的各种现象或问题，它们可能是平常的，也可能是异常的。例如，为什么有些地方收取天价彩礼？为什么有些年轻人选择"躺平"？……这些都是实践来源的研究问题。材料来源是指研究者通过调查、访谈、观察等方式收集到的数据或资料，它们可能有规律性，也可能没有规律性。例如，为什么中国城市化水平与经济发展水平呈正相关？不同文化对老年人的社会支持和尊重程度有何差异，这是否影响了人口结构？……这些都是材料来源的研究问题。文献来源是指研究者在阅读相关领域或主题的文献时发现的共同点或矛盾点，它们可能是理论上的，也可能是实证上的。例如，为什么不同学派对人类行为的解释有不同的观点？为什么某些研究结果支持某一假设，而另一些研究结果反驳该假设？……这些都是文献来源

的研究问题。

以上三个来源并不是孤立的，而是相互联系和影响的。一个好的研究问题往往需要综合考虑实践、材料和文献三个方面的信息和证据。运用批判性思维，就是要能从多个角度和层面分析、评估、比较和整合这些信息和证据，从而找到有意义和有价值的研究问题。

二、不是什么？警惕学术研究中的直觉思维

学术研究是一项智力投入非常大的工作，创新度要求也非常高。在研究中，我们常常需要做出各种判断和决策，而这些判断和决策往往受到我们的思维方式的影响。诺贝尔经济学奖得主丹尼尔·卡尼曼在《思考，快与慢》[1]一书中，将人的思考分为系统 1 和系统 2 两种类型。系统 1 是快速、直觉、情感和潜意识的思考方式，系统 2 是缓慢、逻辑、理性和有意识的思考方式。系统 1 可以帮助我们快速应对日常生活中的各种情境，但也容易产生各种偏见和谬误。系统 2 可以帮助我们进行深入的分析和推理，但也需要更多的精力和注意力。在学术研究中，我们应该尽量避开系统 1 的直觉思维，而更多地运用系统 2 的理性思维。

然而，在实际的研究过程中，我们往往会受到直觉思维的干扰，导致我们做出错误或不合理的判断和决策。例如，我们可能会因为自我确认偏见而倾向于寻找或接受符合自己预期或假设的证据；我们可能会因为锚定效应而受到先前信息或经验的影响，导致无法做出客观的评估；我们可能会因为沉没成本谬误而不愿意放弃已经投入了大量时间或资源的研究项目；我们可能会因为可得性启发而倾向于依赖容易想起或获取的信息，导致忽略了其他重要的信息；我们可能会因为代表性启发而根据表面上的相似性做出判断，导致忽略概率或基础率的重要性；等等。

这些直觉思维在学术研究中可能会造成各种问题，如导致研究方法的不严谨、研究结果的不可靠、研究结论的不准确、研究创新度不高等。因此，在学术研究中，我们应该警惕直觉思维带来的潜在危害，不要用固有思维解释现象或数据，学会放弃错误或无效的假设或方案，培养批判性思维和创造性思维，提高自己的学术水平

---

[1] 丹尼尔·卡尼曼. 思考，快与慢 [M]. 胡晓姣，李爱民，何梦莹，译. 北京：中信出版社，2012.

和能力。

三、是什么？大胆假设，提出有洞察力的假设

学者胡适讲过做学术要"大胆地假设，小心地求证"。但是如何提出有洞察力的假设呢？假设是研究者在探索未知的领域时，对可能存在的现象或规律的推测或预测。假设可以帮助研究者提出问题，指导研究，检验结果，得出结论。因此，假设是研究过程中不可或缺的一环。

但是，并不是所有的假设都有洞察力。有洞察力的假设是指那些能够揭示研究主题的本质、关系、影响、意义等方面的假设。这些假设往往能够提供新的视角或启发，引发更深入或更广泛的研究，促进学术进步或社会变革。如何提出有洞察力的假设？可以尝试以下两个步骤。

第一步：运用类比思维和抽象思维。

我们需要利用类比思维将研究主题与其他已知的事物或概念进行比较或联系，以发现相似性或差异性，从而得到新的视角或启发。同时，我们需要利用抽象思维将研究主题从具体的事实或情境中抽离出来，以形成一般化或普遍化的概念或规律，从而得到新的理解或解释。

第二步：试探性地提出有洞察力的假设。

我们需要根据上一步的结果，结合自己的创造力和判断力，试探性地提出一些有洞察力的假设，即对研究主题的可能性、关系、影响、意义等方面的推测或预测。这些假设应该具有以下特点。

（1）基于局部的事实或最朴素的逻辑推演。不能凭空想象或臆断，而应该有充分的证据或理由支持假设。

（2）包含观点但不预设立场。不能一开始就确定自己的观点是正确或错误的，而应该保持开放和客观的态度，同时提供信息索引，即指明假设来源于哪些资料或理论。

（3）有洞察力但不过于确定。不能将自己的假设视为定论或事实，而应该明确它们是试探性的、有待验证的、有可能被修正或否定的。同时，应该尽量避免使用过于肯定或否定的词语，如"一定""必然""不可能"等。

四、到底是什么？小心求证，运用资料或实践检验假设

提出假设后，就要进行验证，判断假设的真伪。检验过程可分为粗略验证、全面验证和快速调整三个阶段。

1. 粗略验证

我们需要对假设进行初步的验证，看看它是否符合常识、逻辑、事实等基本要求。如果假设明显违反了这些要求，那么我们就可以直接否定它，不必再进行进一步的验证。以人工智能发展主题为例，如果假设是"人工智能可以预测未来"，那么就可以直接否定它，因为这个假设违反了因果律和不确定性原理等基本的逻辑和物理规律。

2. 全面验证

我们需要对假设进行深入的分析，看看它是否能够通过各种各样的证据、数据、实验等方式得到支持或反驳。如果假设能够经受住这些方式的考验，那么就可以初步认可它；如果假设遭到了严重的质疑或驳斥，那么就要重新考虑它。例如，如果假设是"人工智能可以提高人类的幸福感"，那么就需要收集和分析与人类幸福感相关的各种指标、数据、案例等资料，以及与人工智能相关的各种产品、应用、评价等信息，来检验这个假设的可信度和有效性。

3. 快速调整

我们需要对假设进行及时的修正或完善，看看它是否能够适应新的情况、发现、观点等变化。如果假设能够灵活地调整自己，以适应新的证据或数据，那么就可以继续保持它；如果假设无法适应新的变化，仍坚持自己的错误或缺陷，那么就要放弃它。例如，如果假设是"人工智能可以与人类和平共处"，那么就需要根据人工智能和人类之间发生的新的事件或冲突，来修改或补充这个假设的条件或范围。

第四节 AI 辅助下的模型实操与案例拆解

案例 8-1：AI 辅助下根据选题获得非共识研究观点线索

在学术研究中，论文的研究观点被视为核心要素，其重要性是不容忽视的。在选题初期，研究者会基于已有的资料形成初步的观点，这被称为研究假设。无论是在量化研究中提出的明确假设，还是在其他研究方法中形成的概念化观点，都属于这一范畴。只有当这些初步观点经过精确的逻辑分析并得到数据支持后，它们才会被视为真正经过验证的研究观点。虽然在选题的早期，这些观点可能仅仅是假设，但其价值和重要性不应被低估。利用假设对问题进行深入探讨是解决问题的关键，这在学术领域也是如此。我们可以尝试在 AI 辅助下，根据已经建构的选题要素获得一些可能的假设，这些假设将成为推导最终非共识研究观点的重要线索。

下面还是以"为什么大学生在课堂上沉默不语？"这个研究问题为例。

指令：

我是一名二年级在读博士生，专业是教育学。我目前准备撰写一篇学术论文，请你担任我的博士生导师，指导我进行选题工作。我关注的研究问题是"为什么大学生在课堂上沉默不语？"，请基于非共识研究观点模型为我推荐匹配的研究假设，并解释推荐研究假设的理由。【非共识研究观点模型呈现为一个四象限矩阵，其中横轴的右半部分代表正确观点，左半部分代表错误观点；纵轴的上半部分代表一致同意的观点，下半部分则代表不一致同意的观点。这样，我们得到了四种观点类型：一致同意的正确观点、一致同意的错误观点、不一致同意的正确观点和不一致同意的错误观点。不一致同意的正确观点是唯一的选择。非共识研究观点就是不同于现有观点的可以被验证为正确的观点。】

AI 答：

基于非共识研究观点模型，我们需要探索的是那些不太为人所知的但可能正确的原因。以下是一些建议的假设。

技术干扰假设：随着智能手机和其他电子设备的普及，学生在课堂上的注意力可能被分散，导致他们不愿意或不能积极参与课堂讨论。

教学方法假设：传统的教学方法可能不再适应现代学生的学习习惯和学习需求，导致他们在课堂上感到不舒服或不愿发言。

心理健康问题假设：越来越多的学生可能面临心理健康问题，这些问题可能导致他们在课堂上沉默不语。

基于上述假设，我推荐您深入研究技术干扰假设。这是因为，随着技术的普及，这可能成为一个越来越重要的因素，但目前可能还没有得到足够的研究关注。如果这个假设被证实为正确，它将为教育者提供重要的洞察，帮助他们更好地适应现代学生的需求和习惯。

当然，不同 AI 工具提供的分析结果不尽相同，但这种多样性正是它们的优势。在这个阶段，我们追求的不是绝对的答案，而是寻找多种可能性，激发创新的思维。AI 工具的这种多样性可以为研究者提供丰富的灵感和新的思路。

案例 8-2：AI 辅助下参考非共识研究观点执行流程的四个步骤寻找线索

上文已经介绍过非共识研究观点执行流程的四个步骤，这里我们演示基于这四个步骤获取非共识研究观点线索的过程。

指令：

我是一名二年级在读博士生，专业是教育学。我目前准备撰写一篇学术论文，请你担任我的博士生导师，指导我进行选题工作。我关注的一个现象是很多大学生在课堂上睡觉、玩手机，不听老师讲课，不参与课堂互动，请基于非共识研究观点执行流程，为我推荐匹配的较有洞察力的研究假设。【非共识研究观点执行流程的四个步骤如下。

第一步：为什么？

从多个角度和层面分析、评估、比较、整合信息及证据，从而找到有意义和有价值的研究问题，阐释这个研究问题的价值和创新性。

第二步：不是什么？

放弃错误或无效的假设或方案，至少前三个假设是要被放弃的，阐述放弃的理由。

第三步：是什么？

按以下两个步骤提出有洞察力的假设。

①基于上一步，运用类比思维或抽象思维优化和深入假设。

②对研究问题的要素之间的可能性、关系、影响、意义等方面进行推测或预测，继续深入优化假设。要求：不能凭空想象或臆断，不预设立场，避免使用过于肯定或否定的词语。

第四步：到底是什么？

初步判断假设的真伪。请结合常识、逻辑、事实等知识，对假设进行粗略验证，看看是否有进一步研究的价值，并分析原因。】

AI 答：

好的，我们将按照您提供的非共识研究观点执行流程进行分析。首先从第一步开始。

第一步：为什么？

①研究问题的价值。

大学生在课堂上睡觉、玩手机、不听讲或不参与课堂互动是一个普遍存在的现象。这不仅影响学生的学习效果，也对教育资源的利用率、教师的教学质量和学校的教育环境产生不良影响。探索这一问题的原因和解决办法，有助于提高教育质量和效率，提升学生的学习体验和学习效果。

②研究问题的创新性。

大部分研究都集中于学生的个体因素（如学习习惯、兴趣、健康状况等）或外部因素（如教学方法、课程设置、教室环境等），但很少有研究从社会文化、科技发展、学术压力和学生心理健康等宏观和微观角度同时出发，对这一现象进行深入探讨。

第二步：不是什么？

我们先提出三个可能的假设，并分析为何放弃这三个假设。

假设一：大学生在课堂上玩手机、睡觉是因为他们对学习失去了兴趣。

放弃理由：这一假设过于简化和笼统，忽略了可能的多种原因。

假设二：大学生的行为是因为现代教育方式与他们的学习需求不匹配。

放弃理由：这一假设过于偏向教育方式的责任，忽略了学生的主观因素。

假设三：大学生在课堂上的行为是因为他们晚上玩乐、熬夜，导致白天没有精力。

放弃理由：这一假设只考虑了学生的生活习惯，而没有考虑其他可能的因素。

第三步：是什么？

基于第二步的分析，我们可以提出以下更有深度的假设。

假设四：随着科技的发展，大学生接触的信息渠道和学习方式发生了变化，传统的教育方式可能不再符合他们的学习习惯和学习需求。

假设五：大学生在课堂上的行为反映了他们对现实生活、未来压力的焦虑和不安，他们可能需要更多的心理支持和指导。

假设六：大学生在课堂上的行为可能与他们的社交网络、家庭背景、文化和价值观有关，需要从更宏观的角度来考虑这一问题。

第四步：到底是什么？

针对上述假设，我们来进行初步的验证。

假设四：科技的发展确实改变了我们的生活方式，也包括学习方式。很多学生更习惯于在线学习、互动学习，而不是传统的课堂教学。这一假设有一定的可信度，并值得进一步研究。

假设五：近年来，越来越多的研究显示，大学生面临的心理压力正在日益增大。学术压力、就业压力、人际关系等都可能导致他们焦虑和不安。这一假设与现实情况相符，有研究价值。

假设六：每个学生的背景和经历都是独特的，他们的行为受到多种因素的影响。从宏观角度研究这一问题，可以帮助我们更全面地了解和解决这一问题。

综上所述，这三个假设都有一定的真实性和研究价值。但具体哪一个假设最为合适，还需要您根据自己的研究方向和兴趣来选择。希望我的分析能够对您有所帮助！

案例 8-3：AI 辅助下基于已有研究文献的非共识研究观点分析

我们关注的案例是：为什么大学生在课堂上沉默不语？这是一个特别生活化的研究问题，以上两种思路的分析结果也有些生活化的特点，这里可以通过参考既有文献的操作方式，来进一步细化非共识研究观点分析。

第一步，在中国知网，以"课堂沉默"为关键词，一共检索到 24 篇 CSSCI 论文。我们将这 24 篇论文的标题、摘要信息导出，并"投喂"给 AI 工具。

第二步，对指令进行微调，提供给 AI 工具。

指令：

参考以上研究观点，请基于非共识研究观点执行流程，为我推荐匹配的较有洞察力的研究观点。【非共识研究观点执行流程的四个步骤：第一步，为什么？总结出最有价值的研究问题。第二步，不是什么？放弃错误或无效的假设或方案，阐述放弃的理由。第三步，是什么？参考已有研究，结合特定教育学理论，提出有洞察力的初步研究观点。要求：不能凭空想象或臆断，不预设立场，避免使用过于肯定或否定的词语，角度要小，尽量具体。第四步，到底是什么？最后确定一个初步的研究观点，初步判断研究观点的真伪，判断是否有进一步研究的价值，并分析原因。】

AI 答：

第一步：为什么？

最有价值的研究问题：在数字时代，技术是如何影响学生的创造力、社交技能和学习习惯的？

第二步：不是什么？

放弃的假设或方案：所有技术的使用都对学生的学习产生正面效应。

放弃的理由：从您提供的文献中可以看到，虽然技术为学生提供了许多学习机会，但它也可能导致过度消费和注意力分散。

第三步：是什么？

根据霍华德·加德纳（Howard Gardner）的多元智能理论，学生可能会使用技术来增强特定的智能类型（如逻辑数学智能或视觉空间智能），但可能会忽略其他类型的智能。这可能会导致某些技能的过度发展，而其他技能则被忽视。

初步研究观点：在多元智能的框架下，过度依赖特定的技术工具可能会偏向于增强某些智能，而减弱或忽略其他智能。

考虑到您提供的文献，尽管技术提供了无限的知识和资源，但学生可能会因为过多的信息而分心，导致学习效率降低。

第四步：到底是什么？

确定的研究观点：结合多元智能理论和您提供的文献，技术的使用可能会导致学生在某些智能领域的过度发展，而在其他领域则受到忽视。此外，技术可能会导致注意力分散，从而影响学习效率。

真伪判断：基于多元智能理论和您提供的文献，这种观点在理论上是合理的，但还需要进一步的实证研究来支持。

进一步研究的价值：很高。了解技术如何影响多元智能的发展，可以帮助教育者更好地利用技术来平衡和增强学生的各种智能。

分析原因：在技术日益普及的今天，了解它如何影响学生的学习和智能发展是至关重要的，这将有助于教育者做出更有根据的决策。

第三步：如果不满意 AI 工具提供的回答，可以提示"换个角度，再分析一遍"。在分析过程中，AI 工具有可能"跑偏"，可以提示"请记得参考提供的资料，结合相关理论"，直到得到较为满意、对研究者有所启发的回答为止。

第五节　本章练习

1. 请阐述非共识研究观点模型的基本逻辑，并在自己的研究领域中找到一篇符合非共识研究观点模型的文献。

2. 请阐述非共识研究观点执行流程的四个步骤，并参照这四个步骤，复盘自己某项研究的思考过程。

3. 请基于已有的选题信息，运用非共识研究观点模型，得到有价值的研究假设。

4. 请参考非共识研究观点执行流程的四个步骤，尝试找到有价值的非共识研究观点线索。

5. 先为 AI 工具提供研究主题文献，在此基础上，参考非共识研究观点模型或非共识研究观点执行流程的四个步骤，尝试找到有价值的非共识研究观点线索。

第九章

深入解决问题的
U 型思维模型

  本章探索了创新的思维模式——U 型思维模型,它引导我们跳出传统的线性思维框架,深入挖掘问题的本质。通过对"见路不走"与第一性原理的哲学思考,我们认识到,真正的解决问题不仅需要表面的应对策略,更需要对问题核心的深刻洞察。U 型思维模型通过定义核心问题、思考问题本质、找出关键要素和提出解决方案四个步骤,帮助我们在科学研究和日常生活中实现更高层次的认知和更有效的决策。本章不仅提供了理论框架,还通过实际案例和 AI 工具辅助分析,展示了如何运用 U 型思维模型进行深度思考,激发读者对深入解决问题的兴趣和探索欲望。

第一节 模型背景："见路不走"与第一性原理的哲学思考

畅销小说《天幕红尘》中,主人公叶子农是一位隐居的智者,他的生活准则就是"见路不走"。那么,"见路不走"到底是什么意思呢?我们可以从小说中的一段对话来寻找答案。

叶子农在给他朋友老九解释时说:"见路不走是'见路非路,即见因果'的意思,跟'见相非相,即见如来'一个道理。"

老九听了很懵,根本不知道什么意思。

叶子农拿擀面给老九打了个比方:"都说手擀面比机器面好吃,那么我擀一个,你看好吃不好吃。"

老九说:"你这不是在抬杠嘛。"

叶子农继续解释:"这不是抬杠,你不能说我的手就不是手。说手擀面比机器面好吃,是由经验归纳出来的教条,很有用,但也有例外。实相是什么呢?是软硬度,是厚薄宽窄等,总之满足了好吃的面条要求的条件,不管你是用机器的方式还是用人工的方式,它都出一样的结果。"

老九如梦初醒:"见路不走就是不能跟着经验、教条瞎跑,也不能跟着形式走,只看因果、本质,只按它的条件去说,至于跟别人一样还是不一样,都不重要。"

我们粗浅地理解,所谓"见路不走"就是透过事物形式、经验等表象特征,理解事物本质特征的思维。

"见路不走"是小说赋予主人公的思考方式,实际上在已有科学研究中,"见路不走"是非常重要的研究议题,这和哲学领域中的第一性原理有异曲同工之妙。

演绎推理的元起点或逻辑奇点被称为第一性原理。第一性原理是一个系统的根基,是各种类型的上层建筑的决定因素,"第一性原理就像深埋地下的地基,人们通常只能看见地基之上的楼层,而忽略地基的存在,但地基又是如此重要,因为只有地基越深，大楼才能建得越高、越稳固"[①]。在不同的情境中，第一性原理具有不同的理解形态，如在宇宙学中将宇宙大爆炸前的奇点作为第一性原理；在西方社会，受到宗教信仰的影响，人们往往把"上帝"看作万事万物的起始，也就是西方社会的第一性原理；在中国，老子提出"道生一，一生二，二生三，三生万物"的思想，这里的"道"也是第一性原理。找到某个系统的第一性原理是非常难的一件事，很多哲学家、科学家穷尽一生研究某个领域，去寻找这个领域的终极解，也就是第一性原理，都未必能功，更遑论研究者日常研究了。

当我们谈论"见路不走"和第一性原理时，我们的目标并非鼓励研究者去追求领域的根本原则，而是希望他们在已有的研究基础上，能够进一步深化并带来新的见解。简单地重复已有的研究不仅是资源的浪费，也限制了我们的认知潜能。那么，怎样达到更深层次的认知呢？接下来，我们将为您介绍一个全新的思维模型——U型思维模型。

第二节　模型拆解：挖掘本质问题

科学研究的核心是解决和研究问题，其所有的结构、视角、方法等要素都服务于此目的。无论研究者选择何种研究策略，只要能够有效地解决和研究问题，这样的科学研究才是合格的。因此，尽管学术论文在表面上是科学研究的文字表达和有序组织，但实际上，它展现了科学研究的深入思考和过程，如图 9-1 所示。

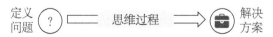

图 9-1　学术研究是解决研究问题的思维过程

图 9-1 展示了科学研究的一般执行过程：提出和定义研究问题，通过一定的思维过程或推理工具，提出相应的解决方案。但这是一种非常理想的解决方案，在解决实际问题时，研究者可能面临更多困难，如图 9-2 所示。

---

① 李善友. 第一性原理 [M]. 北京：人民邮电出版社，2021:27.

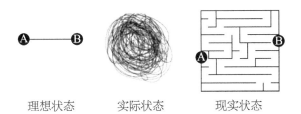

理想状态　　　实际状态　　　现实状态

图 9-2　科学研究中解决问题的状态

图 9-2 展示了研究者在科学研究过程中面对问题所呈现的状态。理想状态下，如图 9-1 所示，针对 A 提出解决方案 B，思维过程非常顺滑，解决问题的过程非常顺利。但在实际状态下，研究者面临的问题五花八门，各种形色，就像一团乱麻一样盘踞头脑之中，而且混乱的状态是问题的常态，即使在科学技术比较发达的今天，人类能解决的问题仍然是少数，绝大多数问题悬而未决。在现实的研究状态中，研究者会选择某个自己感兴趣的问题 A，然后针对问题提出假设 B，再借助某些研究思维和工具，来验证 B 是否是 A 的解决方案，这个过程像极了走迷宫的过程，需要不断做尝试、抛弃、再尝试的动作，最终匹配到适合解决 A 问题的 B 方案。

问题是有层次性的，我们可以将问题从浅到深划分为三种类型：表象问题、深入问题和本质问题。如果研究者仅仅根据表象问题的判断而给出解决方案，看似非常快捷地解决了问题，然而实际上这种解决方案往往是肤浅的、无效的，如图 9-3 所示。我们都非常容易看出这种思维方式的破绽和漏洞，但是实际研究中，很多初学者确实是仅根据自己的直觉判断给出问题的解决方案而不自知。我们把这种思维方式称为线性思维。

图 9-3　解决表象问题是无效的

那么如何更深入地解决问题呢？或者基于更高追求，能够在本质上解决问题呢？这就需要研究者具备更高阶的思维方式。这里，我们共同学习一种深度思维方法：U 型思维模型[①]，如图 9-4 所示。

---

① 沈拓.U 型思考：本质思考力决定科技与商业未来[M].北京：人民邮电出版社，2022.

图 9-4　U 型思维模型

U 型思维和线性思维最大的不同是对问题的理解程度的差别：线性思维是沿着研究问题直接向前，寻找解决方案；U 型思维是先向下再向上，先挖掘问题的本质，然后找出影响问题本质的关键要素，根据关键要素提出解决方案。

第三节　模型应用：U 型思维模型的四个关键步骤

U 型思维模型由四个关键步骤构成：定义核心问题、思考问题本质、找出关键要素、提出解决方案。

1. 定义核心问题

定义问题的水平，决定了解决问题的水平。如何提出问题和定义问题成为解决问题的第一步，也是最关键的一步。如前所述，依据不同的研究目的，研究问题可分为三类：What（是什么）型问题、Why（为什么）型问题、How（怎么办）型问题。虽然这三类问题都是提问的方式，但类型之间是有层次之分的，如图 9-5 所示。

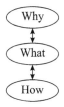

图 9-5　问题类型的层次

在这三类问题中，Why 型问题的层次最高，What 型问题的层次居中，How 型问题的层次最低。当使用 Why 型问题提问时，我们追问的是现象背后的原因、目的和本质，发现更深层次的问题；当使用 What 型问题提问时，我们追问的是现象的内涵、载体和意义，帮助我们更准确地理解现象；当使用 How 型问题提问时，我们追问的是解决问题的手段、行为和路径。

How 型问题实际就是线性思维，企图从问题直达解决方案，这类问题往往依赖人的直觉，无法提出有创建的方案，也就不能真正解决问题。U 型思考的特点，决定了它不接受 How 类型的问题，How 类型的问题不允许进入 U 型思考[①]。而 U 型思维的关键就是将 How 型问题转化成 What 型问题和 Why 型问题，对问题层次进行升维，发现表象问题中的核心问题。

2. 思考问题本质

思考问题本质是 U 型思维和线性思维最大的区别。使用 U 型思维的一个隐性共识是本质问题比表象问题更重要，更利于问题的解决。那什么是本质呢？本质是指事物本身所固有的根本属性，是与其他事物区别开来的根本特征。对于问题本质的思考，就是通过不断对问题的追问，找到问题中蕴含的主要症结、主要矛盾或主要规律。但是要注意，问题本身具有多向度、多层次的特征，问题的本质是一个相对概念，而不是一个绝对概念，所以我们致力于探究的是问题的相对本质，而不是绝对本质。

那么怎样才能透过表象探究问题本质呢？高质量解决问题的一个前提就是收集足够的材料，然后通过对材料的消化、吸收，不断加深对问题的理解，直到洞悉到问题本质。在具体思考时，我们可以借助 5Why 追问法、案例类推法、逆向思维法等具体的思考方法来辅助思考。

5Why 追问法是指基于某一个学科理论视角，通过不断地连续提问，建立一个清晰的因果链，直到找到问题的根本原因。5Why 追问法最早是丰田汽车用来解决生产制造环节中的问题而提出来的一种解决问题的方法。5Why 追问法也并不是固定提 5 个问题，问题的数量可以多也可以少，最主要的是得出更有价值的结论。

案例类推法是指通过对与问题相关案例的研究，提炼出案例中具备共通性的本

---

① 沈拓.U 型思考:本质思考力决定科技与商业未来[M].北京:人民邮电出版社,2022.

质特征，再将这种本质特征的理解迁移到解决问题本身上来。其中"与问题相关案例"的选择非常关键，既要具备相关性，也要具备异质性，这样类推而来的认知才有价值。

逆向思维法是前两种思维方法的结合：案例类推法是借鉴"与问题相关案例"的经验，而逆向思维法则是推翻这种经验；5Why 追问法是通过不断追问"Why"的方式来获得更深刻的认知，而逆向思维法则是通过不断追问"Why not"的方式来加深认知。这里有一个隐含假设是，以往方案都具备某种程度的一致性，将这种一致性归纳出来，找出另一种不同的方案，扭转理解的角度，或许能够带来对问题更深入的理解。

思考问题的具体方法还有很多种，各个方法都没有优劣之分。在思考问题时，也不会只使用某一种方法，而是综合使用多种方法，以加深对问题的认知程度为目标。

3. 找出关键要素

找出关键要素就是基于上一环节对问题本质的理解，有逻辑地推导出影响问题本质的关键要素，以便针对关键要素提出具体、有效的解决方案。关键要素实际已经蕴含在"问题本质的理解"中了，但只是提供了大方向，在这一环节中需要非常具体地确认关键要素。

那么如何基于对问题本质的理解，找出关键要素呢？可以尝试使用奇点思维方法。

奇点思维实际上也是一种对比思维，通过与常识、逻辑、理论对比，形成了三种常用的奇点思维方法，分别是常识奇点、逻辑奇点和理论奇点。

常识奇点就是将问题本质的特点和日常生活中的固有知识做对比，如果二者不一致或者矛盾，那就有可能隐藏着影响问题的关键要素。例如，很多学者经常说做好科研要有创新思维，但是什么是科研的创新思维？创新思维的关键要素是什么？如何提升创新思维？对这类问题，不仅学者们没有回答，甚至在研究生教育体系中也是空缺的。

逻辑奇点是将问题本质的特点和某种既有逻辑进行对比，如果二者不一致或者矛盾，也有可能隐藏着影响问题的关键要素。例如，刻板印象是心理学中的一个概念，指人们对某个事物或物体形成的一种概括性的固定看法，并把这种看法推而广之，认为这是类似事物都具有的特征，而忽视个体差异。又如，小红书作为一个社交平台,很多人都认为是女性用户在使用,实际上小红书平台中男性用户已经占到30%,性别的变化实际是影响小红书平台发展的一个重要变量。

理论奇点是将问题本质的特点和某种既有理论进行对比,如果二者不一致或者矛盾,也有可能隐藏着影响问题的关键要素。例如,《弹幕与规训:网络直播中的性别凝视——基于斗鱼大数据的分析》[①]一文中,作者提出:随着男主播的热度不断攀升,以女性为主要建构对象的传统凝视理论已难以解释网络直播的新动向,通过对斗鱼主播弹幕大数据的分析,提出凝视的新范式。这项研究的动因就是作者发现主播性别比例的变化与既有理论产生了冲突,从而基于对男主播这个关键要素的研究,对既有理论进行了适应性丰富和拓展。

通过奇点思维找出的关键要素应尽量具体且重要,因为它是影响问题的比较重要的变量,是下一步提出解决方案的基础。

4. 提出解决方案

提出解决方案就是针对上一环节的关键要素提出针对性的解决方案。这里的解决方案并不单纯指 How 层面的操作性方案,也包括对核心问题的深入理解、理论建构等理解层面上的解决方案。科学研究领域中的解决方案是要求具备一定创新性的方案,不能人云亦云,更不能为了方案而方案。那么如何根据关键要素提出解决方案呢?在具体思考时,可以借助非共识研究观点模型、升维思维、理论工具等方法辅助思考。

非共识研究观点模型在第八章中有详细介绍,这里不再赘述。

升维思维是指在既有问题范围之外思考问题。善谋全局者胜,当针对关键要素而不能思考出更好的方案时,可以尝试跳出已有思考范畴,从更高的维度或一个新维度上求解。很多时候,尝试以造成问题的思维模式来解决问题,反而永远解决不了问题,以新思维解决老问题往往有奇效。更高的维度包括政治维度、文化维度、社会维度、哲学维度、历史维度等,这同时要求研究者要有较好的知识积淀,在厚积的知识中寻求反哺问题的合适解决方案。

借助理论工具是指以已有理论作为线索,或借用或改造,成为解决问题的一个方案。因为已有理论是经过验证的,是学术共同体取得共识的认知资源,与其漫无

---

① 徐敬宏,张如坤,郭婧玉,等.弹幕与规训:网络直播中的性别凝视——基于斗鱼大数据的分析[J].国际新闻界,2022,44(4):146.

目的地思考，不如借助已有资源的优势，破解研究问题。借助理论工具也可以帮助我们避免重复造"轮子"，节省时间和资源。当然，借助理论工具也需要注意一些问题。首先，需要确保所借用的理论与研究问题相关，并且能够适用于研究对象。其次，需要注意理论的局限性，不能将其视为绝对真理，而应该在实践中不断验证和修正。最后，需要避免过度依赖理论，应该在理论和实践之间保持平衡，不断探索和创新。

第四节　AI 辅助下的模型实操与案例拆解

一、假新闻相关研究的 U 型思考

我们尝试对假新闻相关研究按照线性思维模型来思考。

首先来定义问题。一般我们的先入思维都是从最基本的问题切入，也就是 How 型问题。那么在假新闻主题中，依靠直觉出现的问题就是如何防治假新闻。接下来按照线性思维，针对提出的问题给出解决方案。针对问题本身，很多初学者就依靠部分文献和自己的直觉，从政府、社会、个人等几个维度给出防治建议，如图 9-6 所示。

图 9-6　假新闻主题的线性思考过程

可以尝试把假新闻置换成任何一个你的研究领域中的主题，会发现解决方案大同小异。依据这种思维路径提出的解决方案不能说错，但是较为肤浅，在创新性和解决问题的深度上，几乎毫无新见解、新建树。如果拿这种思维成果谋求发表，结果可想而知。那么同样的主题，一些优秀的研究者是如何进行深度思考的呢？借助 U 型思维方法能实现吗？

在中国知网，以"假新闻"作为检索关键词，以"篇名"和"CSSCI"作为检索条件进行检索。在检索结果中，选择 CSSCI 期刊 2018—2023 年的论文，得到以

下结果[1]，如表 9-1 所示。

表 9-1 假新闻主题 CSSCI 期刊研究成果（2018—2023 年）

标题	作者	文献来源	发表时间/年
错误价值感知对社交媒体假新闻分享意愿的影响——受众选择和分享信息的心理动机研究	陈婉婷，何清华	《新闻记者》	2023
东盟国家社交媒体政治假新闻治理研究	毕世鸿，宋洋	《南洋问题研究》	2022
人们为什么相信假新闻：对"假新闻信念"的认知心理学解释	李艳红，刘佳诺	《新闻界》	2022
信息战视角下国际假新闻的历史嬗变：技术与宣传的合奏	赵永华，窦书棋	《现代传播》	2022
概念的政治与概念的连接：谣言、传言、误导信息、虚假信息与假新闻的概念的重构	刘海龙，于瀛	《新闻界》	2021
顽固的假新闻：另类故事与传播界墙——基于"豪车落灰"社会话题的个案研究	王辰瑶，王存双	《新闻与写作》	2021
假新闻：是什么？为什么？怎么办？	左亦鲁	《中外法学》	2021
社交平台假新闻的算法治理：逻辑、局限与协同治理模式	张超	《新闻界》	2019
讽刺画、预警器和烟幕弹——对国内假新闻研究的反思与重构（1980—2018）	张振宇，喻发胜，王然	《国际新闻界》	2019
什么是"真实"——数字媒体时代受众对假新闻的认知与辨识	胡杨，王啸	《新闻记者》	2019
人工智能时代假新闻的"共谋"及其规避路径	匡文波	《上海师范大学学报》	2019
假新闻泛滥与西方民主的整体性危机	汝绪华	《马克思主义研究》	2019
虚假新闻病理研究——基于我国历年"十大假新闻"的统计分析（2001—2017）	王敏，饶茗柯	《中国出版》	2018
触电的谎言与真相："电传假新闻"事件的媒介记忆重访	王润泽，杨奇光	《现代传播》	2018
后真相时代的假新闻与网络政治参与	张帆	《当代传播》	2018
中国公众如何看待记者、媒体和假新闻——基于 2017 年全国性问卷调查的研究	拉斯·韦纳，唐硕，石鉴，张洪忠	《新闻记者》	2018

---

[1] 检索时间为 2023 年 3 月 28 日。

二、假新闻相关研究的复盘分析

由表 9-1 的统计结果可知，在 2018—2023 年，假新闻主题 CSSCI 期刊研究成果为 16 篇，从研究问题类型上看，Why 类研究问题为 6 篇，What 类研究问题为 6 篇，How 类研究问题为 4 篇。由于篇幅所限，我们从这三类问题类型中各挑选一篇案例论文，在 AI 工具辅助下，利用 U 型思维模型对其进行复盘分析。其中，第一篇案例论文我们将做较为详细的分析，另两篇论文将只进行简单的思路分析。

1. What 类研究问题案例论文：《讽刺画、预警器和烟幕弹——对国内假新闻研究的反思与重构（1980—2018）》[①]

第一步，了解这篇论文定义的核心问题。

在研究设计部分，该论文作者明确了研究问题："除了过去在学界中占据主流的批判话语之外，假新闻中有没有什么更深层次的研究价值被忽视？对于那些已经被证伪的假新闻，能否跳出真实性的范畴，去考察它们与社会现实问题、群体心理、权力运作机制之间的关系？"[②] 在研究综述评价部分，该论文作者再次重申了该论文的核心关注点："本文希望跳出新闻真实性的框架来重新审视假新闻，试图挖掘其中被人忽视、但却具有一定研究价值的因素，从而更全面地理解假新闻现象。"[③]

我们可以再概括一下该论文的研究问题：在主流真实性研究范畴外，假新闻和社会现实问题、群体心理、权力运作机制之间存在什么关系？这属于一个 What 类研究问题，而且是基于对以往相关研究的批判性视角建立起来的，着眼于假新闻被忽略的其他属性。

我们可以尝试借助 AI 工具分析研究问题。先把整篇论文"投喂"给 AI 工具，然后执行如下指令。

指令：

请仔细阅读论文前言以及文献综述，概括这篇论文最主要的研究问题。

[①][②][③] 张振宇，喻发胜，王然. 讽刺画、预警器和烟幕弹——对国内假新闻研究的反思与重构（1980—2018）[J]. 国际新闻界，2019，41(11): 156-174.

AI 答：

这篇论文主要探讨的研究问题是对中国自 1980 年以来的 275 条假新闻进行深入分析与重构。这篇论文的核心研究问题是从新闻社会学的视角出发，对假新闻进行新的理解和阐释。具体而言，论文试图通过对假新闻的类型研究，从三个方面深入探讨假新闻所蕴含的深层次内涵。

1. 假新闻反映的社会问题：这包括假新闻如何映射出值得关注的社会问题、暴露出集体潜意识和群体心理的问题，以及如何被权力机构作为掩人耳目的工具。

2. 研究方法与现状：文献中还回顾和反思了国内关于假新闻的研究现状，指出主流研究通常集中在新闻真实性的批判和治理策略上，但缺乏对假新闻内容与功能的深入研究和分类。

3. 研究的重构：论文提出了重构假新闻研究的必要性，包括跳出仅从真实性角度讨论假新闻的框架，更全面地理解假新闻现象，以及对假新闻与社会现实、群体心理和权力运作机制的相互关系进行深入分析。

综上所述，论文的主要研究问题是如何从新闻社会学的视角重新理解和重构对假新闻的研究，以更深入地揭示其背后的社会问题和心理机制，以及权力运作的影响。

AI 工具提炼的核心研究问题是"重新理解和重构对假新闻的研究"，同上文分析相比，虽然在表述上有所区别，但本质上是一致的，在一定程度上说明 AI 工具的分析还是非常准确的。

第二步，思考问题本质。

我们可以试着对假新闻命题进行不断追问，来探究其本质特性：假新闻都是"假"的吗？什么是"假"？什么是"真"？假新闻会有"真成分"吗？假新闻会造成"真影响"吗？

通过不断地发问，发现占主流地位的新闻真实性思辨研究范式并非那么理所当然，不拘泥于新闻本身的真假，从新闻与社会的关系入手，发掘在特定的历史背景和社会语境下假新闻的真实价值。这样就跳出了假新闻传统研究的窠臼，深化了对假新闻的理解和认识。

关于该研究的本质问题，我们也尝试问一下 AI 工具。

指令:

请仔细阅读全文,并尝试回答以下问题:该研究思考的本质问题是什么?

AI 答:

这篇论文思考的本质问题是假新闻背后隐藏的社会现实问题、集体潜意识和群体心理,以及权力机构如何利用假新闻作为工具来影响和控制社会舆论。

同第一步一样,虽然人工分析和 AI 工具分析在表述上有差异,但本质上的认知是相同的,都指向了"假新闻背后的真问题"这一方向。

第三步,找出关键要素。

通过对主流研究范式的批判性思考,发现假新闻中的"假"和"真"并不是绝对的,假新闻一旦传播出去,那么在社会上所形成的影响都是真实的。在建立这种认知后,该论文作者总结了研究问题中的关键要素:"试图跳出传统的以真实性立场研究假新闻的框架,认为假新闻作为一种客观存在的社会现实,其意义在于——虽然它所表达的信息是虚假的,但却有可能包含着某些真问题"[①],并据此展开了整体研究,寻求合理有效的解决方案。

同样,这个问题我们问一下 AI 工具。

指令:

研究问题中的关键要素是什么?

AI 答:

研究问题中的关键要素如下。

1. 假新闻的社会影响:分析假新闻如何映射出值得关注的社会问题。

2. 集体潜意识和群体心理:探究假新闻如何暴露和影响集体潜意识及大众的心理状态。

---

① 张振宇,喻发胜,王然.讽刺画、预警器和烟幕弹——对国内假新闻研究的反思与重构(1980—2018)[J]. 国际新闻界,2019,41(11):161.

3. 权力机构的角色：研究假新闻如何被权力机构操纵，用作掩盖真相或误导公众的工具。

AI 工具的回答太过细致和分散，我们再追问一次。

指令：

请集中在一个点上，用一个词或一句话总结。

AI 答：

这篇论文的关键要素是"假新闻背后的深层社会动因"。

AI 工具最后的回答很简洁，本质和人工分析的也是一致的，而且确实是后面提出解决方案的核心来源。

第四步，提出解决方案。

针对研究问题的关键要素，提出的解决方案要尽量客观、合理有效，还要凸显研究的创新性。该论文作者从假新闻与社会现实问题、群体心理与权力运作机制这三个层面的互动关系，将假新闻概括为"讽刺画""预警器""烟幕弹"三种类型，并对每种类型的范围、案例和隐含的深层次意义进行了阐述。同时，该论文作者也多次在文中明确指出，"讽刺画""预警器""烟幕弹"三种类型并不能概括所有的假新闻类型，更不是为假新闻翻案，而是意在挖掘"假"背后的真问题。

同样，来看看 AI 工具的分析。

指令：

作者在该论文中提出解决研究问题的方案是什么？

AI 答：

在解决这个研究问题的过程中，作者提出了以下方案。

1. 跨学科的视角：作者建议从新闻社会学的角度出发，借助其他学科（如社会学、历史学)的视角,重新审视假新闻现象。

2. 类型研究方法:通过对假新闻进行分类研究,深入分析不同类型的假新闻所承载的诉求话语、镜鉴价值和工具功能。

3. 超越真实性的框架:建议跳出传统上关注新闻真实性的范畴,探究假新闻与社会现实问题、群体心理、权力运作机制之间的复杂关系。

4. 案例分析:通过对国内 1980 年以来可查证的假新闻案例进行深入分析,以理解其背后的社会、心理和权力因素。

这些方案旨在更全面地理解假新闻现象,不仅局限于表面的真实性问题,而是挖掘其背后的更深层的社会含义和影响。

可以看出 AI 工具的分析更加全面,不但包括了我们总结的具体内容,还囊括了研究视角、研究方法、研究案例等要素,但是这些也都是为具体研究内容或者最终研究结论服务的,所以最新核心内容是 AI 工具提到的第三条:超越真实性的框架,这和我们前面分析的内容也是一致的。

通过对该论文研究思路的梳理,我们可以用 U 型思维模型形象化展示该论文的思考过程,如图 9-7 所示。

图 9-7 案例论文的 U 型思维模型

2. Why 类研究问题案例论文:《错误价值感知对社交媒体假新闻分享意愿的影响——受众选择和分享信息的心理动机研究》[①]

第一步,定义核心问题。

这篇论文实际上想探讨或意图解决的问题是:人们为什么会分享假新闻?尤其是在社交媒体环境下,用户对假新闻的分享行为是假新闻传播的重要影响要素。但

---

① 陈婉婷,何清华. 错误价值感知对社交媒体假新闻分享意愿的影响——受众选择和分享信息的心理动机研究 [J]. 新闻记者,2023(2):60-70.

是，影响人们分享假新闻的影响要素非常多，该论文作者实际想在心理学范围内探讨这个话题，也就是：哪些心理因素影响人们分享假新闻？

第二步，思考问题本质。

针对研究问题，该论文作者在对已有文献研究的基础上，使用了"价值决策理论"资源，对研究问题进行了更深层次的思考，认同"信息分享行为是价值决策体现"的观点，并据此来思考哪些价值决策要素影响人们对假新闻的分享行为。

第三步，找出关键要素。

根据第二步的思考，该论文作者继续将研究问题细化，具体到：准确性以及新闻事件属性如何影响人们的新闻分享意愿？这也是该论文最主要的研究假设。然后该论文作者采用实验法对这个假设进行了检验。其中，准确性和新闻事件属性就是作者提炼出来的关键要素。

第四步，提出解决方案。

该论文作者通过两个实验以及对实验数据分析，得出的观点是：人们对准确性有着较高的要求，但在实际的分享意愿中直接受到正负面新闻事件属性的影响。正面新闻事件属性会削弱人们对假新闻的道德谴责，人们更易默许"正面新闻事件属性假新闻"的存在。①

将以上研究思路用 U 型思维模型展示，如图 9-8 所示。

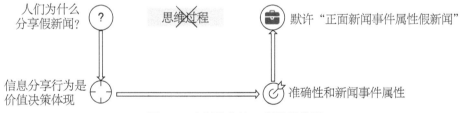

图 9-8　案例论文的 U 型思维模型

3. How 类研究问题案例论文：《社交平台假新闻的算法治理：逻辑、局限与协同治理模式》②

How 类研究问题的思路相比 Why 类和 What 类研究问题的思路，更易于被读

---

① 陈婉婷,何清华.错误价值感知对社交媒体假新闻分享意愿的影响——受众选择和分享信息的心理动机研究[J].新闻记者,2023(2):68.

② 张超.社交平台假新闻的算法治理:逻辑、局限与协同治理模式[J].新闻界,2019(11):19-28,99.

者理解。实际上一篇优秀的 How 类研究论文，其本身就包含着 Why 和 What 因素的思考。我们也尝试通过 U 型思维模型对案例论文进行复盘分析。

第一步，定义核心问题。

How 类论文中的研究问题比较直接，直接落脚到 How Do 层面上。案例论文的研究问题可直接总结为：如何治理社交平台上的假新闻？

第二步，思考问题本质。

案例论文将研究范围限定在社交平台上，那么就延伸出一个关键问题：社交平台假新闻和传统媒体假新闻的区别是什么？该论文作者认为：社交平台假新闻与以往假新闻最大的不同在于生产与传播具有"智"的特征[①]。

第三步，找出关键要素。

既然"智"的特征是两者最根本的区别，那么"智"的特征的核心要素是什么呢？该论文作者给出了自己的答案：算法。

第四步，提出解决方案。

围绕着社交平台上假新闻扩散过程中算法的作用展开了分析，并提出了基于算法的"算法—利益相关者"的协同治理模式。

该案例的研究思路非常清晰，理解上也并不困难，用 U 型思维模型展示如图 9-9 所示。

图 9-9　案例论文的 U 型思维模型

通过对以上三个案例论文的复盘分析，我们大概了解了 U 型思维模型的使用方法和步骤。在加深对选题思考方面，U 型思维模型展现出了独特的价值。但是，这里需要提示读者，我们复盘已经发表的论文的思路非常清晰，如果自己从头构思一项研究，那么在芜杂的文献中和在复杂的影响要素中深度理解问题，同时找出关

---

① 张超. 社交平台假新闻的算法治理：逻辑、局限与协同治理模式 [J]. 新闻界, 2019(11):20.

键要素，这个过程是非常困难的，需要研究者反复阅读文献，并持续思考，在合适时机发现研究的"灵光"。

案例：AI 工具辅助下借助 U 型思维模型进行深层次思考

下面还是以"为什么大学生在课堂上沉默不语？"作为案例，演示 U 型思维模型的实操过程。

指令：

我是一名二年级在读博士生，专业是教育学。我目前准备撰写一篇学术论文，请你担任我的博士生导师，对我进行指导。我观察到的现象是"很多大学生在课堂上睡觉、玩手机，不听老师讲课，不参与课堂互动"，请基于 U 型思维模型，帮我加深对这个选题的理解和认知。【U 型思维模型是指在已有研究的基础上，获得一个更有见解的观点。第一步：定义核心问题。研究问题分为 What（是什么）型问题、Why（为什么）型问题和 How（怎么办）型问题。其中，Why 型问题的层次最高，追问的是现象背后的原因、目的和本质，发现更深层次的问题；What 型问题的层次居中，How 型问题的层次最低。针对每个类型问题讲述一个典型故事。第二步：使用 5Why 追问法思考问题本质。5Why 追问法是指基于某一个学科理论视角，通过不断地连续提问，建立一个清晰的因果链，直到找到问题的根本原因，最后归纳根本原因。第三步：使用奇点思维法，找出关键要素。奇点思维法是指无法以常识测度的、与平常事象严重脱节的所谓"不正常的事象""古怪的行为"或其主体，有常识奇点（将问题本质的特点和日常生活中的固有知识做对比，如果二者不一致或者矛盾，那就有可能隐藏着影响问题的关键要素）、逻辑奇点（将问题本质的特点和某种既有逻辑进行对比，如果二者不一致或者矛盾，也有可能隐藏着影响问题的关键要素）、理论奇点（将问题本质的特点和某种既有理论进行对比，如果二者不一致或者矛盾，也有可能隐藏着影响问题的关键要素）三种类型，最后归纳总结关键要素。第四步：提出解决方案。分别针对上一环节的关键要素，选择合适理论，从理论层面提出针对性的解决方案。】

AI 答:

1. 定义核心问题

What 型问题: 在课堂上, 大学生频繁地睡觉、玩手机、不听讲及不参与课堂互动, 这是一个怎样的现象?

故事: 小明每次进入大课堂, 都会被手机吸引。与此同时, 他的许多同学都沉浸在自己的世界中, 很少有人真正听讲或参与讨论。

Why 型问题: 为什么大学生会在课堂中表现出这种行为?

故事: 小红非常热爱心理学, 但她发现, 当课堂内容与她之前的知识或经验相冲突时, 她往往会对其产生抵触, 转而做其他事情。

How 型问题: 如何促进大学生更加积极地参与课堂活动和学习?

故事: 王教授经过研究和调查, 发现通过改变教学方法、增加实践环节、与学生进行沟通, 可以大大提高学生的课堂参与度。

2. 思考问题本质

使用 5Why 追问法结合教育学和心理学理论思考问题本质。

为什么学生在课堂上频繁玩手机?

答: 因为他们对课程内容感到无聊或不相关。当学生的现有知识或信仰与课堂内容不一致时, 他们可能会感到不舒服并转向其他事物, 以减少不适。

为什么学生觉得课程内容无聊或不相关?

答: 教材或教学方法可能没有与学生的实际经验和兴趣相结合。学习效果最好时, 学生能够将新知识与他们现有的知识结构连接起来。

为什么教育者没有将教材或教学方法与学生的实际经验和兴趣结合?

答: 可能是因为教育者对学生的需求和兴趣了解不足。为了达到更高层次的学习, 基础的需求 (如被理解和认同) 必须首先得到满足。

为什么教育者对学生的需求和兴趣了解不足?

答: 可能是因为缺乏有效的反馈机制。教育不仅是单向传达信息, 还需要学生的反馈, 以调整教学策略。

为什么缺乏有效的反馈机制?

答: 教育体制可能不鼓励或没有机制来收集和响应学生的反馈。

3.找出关键要素

常识奇点：传统上，学生应该专注于听讲，但许多学生选择其他活动。

逻辑奇点：教育的目的是传授知识，但如果学生不参与，则这个目的无法实现。

理论奇点：有效的学习理应是主动、积极的过程，但许多学生在课堂上却是被动、消极的。

关键要素：学生的内在动机、教育者的教学策略、教育体制的反馈机制。

4.提出解决方案

针对学生的内在动机：通过调查了解学生的兴趣和需求，然后整合到课程中，同时应用自决定理论鼓励学生的自主学习。

针对教育者的教学策略：采用更加互动和实践的教学方法，比如基于项目的学习或协同学习。

针对教育体制的反馈机制：建立一个持续的、双向的反馈系统，确保学生的声音被听到并采纳。

结合以上学科理论，我们可以更深入地理解大学生在课堂上的行为，并提出有效的解决策略。

U型思维模型实际上是帮助研究者从选题开始模拟整个思考和分析过程，这导致输出的答案有些冗长，其实我们真正需要的并不是这些冗长的内容，而是帮助研究者来"破题"，找到关键的影响因素。U型思维模型里的很多具体技巧也能为研究者带来帮助，如5Why追问法，下面我们做一个简单演示。

指令：

我是一名二年级在读博士生，专业是教育学。我目前准备撰写一篇学术论文，请你担任我的博士生导师，对我进行指导。我观察到的现象是"很多大学生在课堂上睡觉、玩手机，不听老师讲课，不参与课堂互动"，请基于5Why追问法，帮我加深对这个选题的理解和认知。【5Why追问法是指基于某一个学科理论视角，通过不断地连续提问，建立一个清晰的因果链，直到找到问题的根本原因，最后归纳根本原因。】

AI 答：

第一次追问：为什么大学生在课堂上睡觉、玩手机，不听老师讲课，不参与课堂互动？

答案：他们可能没有感受到课堂的相关性和价值。

理论依据：Vroom 的期望理论中提到，如果个体认为努力可以带来成功，并且成功有其价值，那么他们就会更有动力。

第二次追问：为什么学生认为课程内容对他们来说并不重要或不相关？

答案：课程可能缺乏与现实生活和未来职业的联系。

理论依据：知觉价值理论指出，学生认为知识与其未来有关时，更有可能投入学习。

第三次追问：为什么课程的设计与学生的实际需求和未来职业不相关？

答案：教育者可能没有进行有效的课程设计和更新。

理论依据：Wiggins 和 McTighe 的"反向设计"理论提议从学生需要达到的终端目标出发来设计课程。

第四次追问：为什么教育者没有进行有效的课程设计和更新？

答案：教育者可能没有足够的专业发展机会或者受制于现有教育政策和制度。

理论依据：Fullan 的教育改革理论中强调了教育者的专业发展和制度因素对教育实践的影响。

第五次追问：为什么教育政策或制度没有为教育者提供足够的支持和培训？

答案：可能与资源分配、政策方向或者高等教育的宏观战略有关。

理论依据：Bourdieu 的"文化资本"理论解释了教育资源如何在不同的群体和阶层之间分配。

根本原因归纳：高等教育的宏观战略和资源分配导致了教育者在课程设计和专业发展上的缺陷，从而影响课堂教学的相关性和效果，进而影响学生的学习动机和参与度。

结合学科理论视角的 5Why 追问法不仅为研究提供了理论框架，还能帮助更深入地探索问题的背后原因。您在实际研究中可以进一步采集数据，验证或完善这一因果链。

为了深化思考，我们在指令中特别强调了结合学科理论的重要性，使得在理论与 AI 工具的双重助力下，研究者能够进行更为深入的思考。与其他指令相同，如果结果不尽如人意，可以请求 AI 工具从新的视角生成，或者要求 AI 工具结合特定学科理论，甚至是某个具体理论，进行更加细致的思考。

第五节　本章练习

1. 请探讨 U 型思维模型的内在逻辑，并比较 U 型思维法与线性思维法的不同。

2. 在您的研究领域中，挑选一篇顶尖论文，并根据 U 型思维模型的四个步骤，解析该论文的研究逻辑，最后请使用可视化工具呈现该论文的 U 型思维过程。

3. 请在 AI 工具的协助下，采用 U 型思维模型方法，深入分析您关心的研究话题，多次实践，看看是否能获得更深度的思考。

4. 请在 AI 工具的支持下，运用 5Why 追问法，对您关注的研究议题进行深入探析，多次尝试，观察是否能得到更深层次的洞察。

后　记

随着《写好论文：思维模型与 AI 辅助应用》一书的顺利出版，我作为作者感到无比欣慰。本书的创作旅程不仅标志着我个人在学术领域的一次深刻探索，也是对现代学术论文写作方法的一次大胆尝试。通过对各种思维模型的深入研究和实际应用，我希望能够为学术界提供一个全新的视角，帮助研究者和学生在学术论文写作上取得突破。

本书中详细介绍的九个思维模型，从"顶天立地加两翼"论文结构模型到 U 型思维模型，每一个都是对学术论文写作核心问题的深入分析和解答。这些模型不仅能帮助读者理解学术论文写作的复杂性，更能指导他们如何有效地组织和表达自己的思想。我尝试通过这些模型，将学术论文写作的过程结构化、可视化，并与 AI 工具相结合，这种创新的结合方式为学术论文写作提供了前所未有的效率和清晰度。

本书的每章不仅围绕一个特定的思维模型展开，还包括该模型的背景、详细拆解、实际应用、AI 辅助下的实操演示以及练习环节。通过丰富的案例和 AI 工具的辅助，我希望能够使这些抽象的模型变得更加具体和易于理解，让读者能够在实际的学术论文写作中得以应用。

在 AI 大模型和思维模型的结合方面，本书开创了一种创新的探索路径。AI 工具的加入不仅极大地提升了提问与回答过程中的效率和精确度，更重要的是，它使得原本抽象和复杂的思维模型转化为更加具体、直观和易于理解的形式。例如，通过 AI 技术，我们可以将一个抽象的研究概念快速转换成具体的操作步骤或示例，使读者能够更直观地理解并应用这些概念于实际的学术论文写作中。

这种结合方式不仅为学术研究和学术写作提供了全新的思维模式和学习方法，也展示了 AI 技术在学术领域应用的巨大潜力。AI 工具在分析、归纳和整理大量学术资料方面的能力，特别是在处理复杂数据和文献综述时，能够为研究者提供前所未有的支持。AI 技术的这些应用不仅节省了研究者的时间和精力，还提高了研究的精度和质量。

此外，AI 技术还能够辅助研究者在学术论文写作中发现新的角度和思路。通过分析现有的文献和数据，AI 工具可以提示研究者可能的研究缝隙、新的研究方向或未被充分探索的领域。这不仅对提升研究的创新性至关重要，也有助于推动学术领域的整体发展。在这个信息爆炸的时代，AI 技术的这种应用将极大地推动学术研究的进步和效率的提高。

我衷心感谢所有在这个项目中给予我支持和帮助的同事、学员、读者以及出版社的编辑。他们的鼓励、反馈和专业意见是这本书能够成功出版的关键因素。我希望这本书能够成为学术论文写作领域的宝贵资源，帮助更多的学者和学生在学术探索的道路上取得成功。

在未来，我期待看到更多的研究者和学生利用这本书中的模型和方法，不仅提高他们的学术论文写作水平，更能在思维方式和学术探索上实现质的飞跃。